O Zen na Arte da Cerimônia do Chá

Horst Hammitzsch

O Zen na Arte da Cerimônia do Chá

Tradução
ALAYDE MUTZENBECHER

Editora
Pensamento
SÃO PAULO

Título do original: *Zen in der Kunst der Tee-Zeremonie*
Copyright © 1958 e 1977 by Scherz Verlag Bern München Wien für Otto Wilhelm Barth Verlag
Copyright da edição brasileira © 1985 Editora Pensamento-Cultrix Ltda.
Texto de acordo com as novas regras ortográficas da língua portuguesa.
1ª edição 1985.
2ª edição 2016.
Todos os direitos reservados. Nenhuma parte desta obra pode ser reproduzida ou usada de qualquer forma ou por qualquer meio, eletrônico ou mecânico, inclusive fotocópias, gravações ou sistema de armazenamento em banco de dados, sem permissão por escrito, exceto nos casos de trechos curtos citados em resenhas críticas ou artigos de revistas.

A Editora Pensamento não se responsabiliza por eventuais mudanças ocorridas nos endereços convencionais ou eletrônicos citados neste livro.

Editor: Adilson Silva Ramachandra
Editora de texto: Denise de Carvalho Rocha
Gerente editorial: Roseli de S. Ferraz
Produção editorial: Indiara Faria Kayo
Assistente de produção editorial: Brenda Narciso
Editoração eletrônica: Fama Editora
Revisão: Vivian Miwa Matsushita

Dados Internacionais de Catalogação na Publicação (CIP)
(Câmara Brasileira do Livro, SP, Brasil)

Hammitzsch, Horst, 1909-1991.
  O zen na arte da cerimonia do chá / Horst Hammitzsch ; tradução Alayde Mutzenbecher. — 2. ed. — São Paulo : Pensamento, 2016.

  Título original: Zen in der Kunst der Tee-Zeremonie.
  Bibliografia
  ISBN 978-85-315-1927-7
  1. Cerimônia japonesa do chá 2. Zen-budismo — Influência I. Título.

16-01020   CDD-394.15

Índices para catálogo sistemático:
1. Chá : Usos e costumes 394.15

Direitos de tradução para a língua portuguesa adquiridos com exclusividade pela EDITORA PENSAMENTO-CULTRIX LTDA., que se reserva a propriedade literária desta tradução.
Rua Dr. Mário Vicente, 368 — 04270-000 — São Paulo — SP
Fone: (11) 2066-9000 — Fax: (11) 2066-9008
E-mail: atendimento@editorapensamento.com.br
http://www.editorapensamento.com.br
Foi feito o depósito legal.

Sumário

Prefácio da Monja Coen.................................... 7
Prefácio.. 15
À Guisa de Introdução..................................... 21
O Chá no Japão, sua Origem e seu Uso................ 41
O Caminho do Chá e seus Grandes Mestres:
Shukō, Jōō e Rikyū... 61
SHUKŌ.. 61
Shukō e a grama de bambu — Sōchō e seu jardim de colza — O Professor-de-uma-Única-Senha e o florescer da ameixeira
JŌŌ... 75
RIKYŪ... 80
Hideyoshi e o florescer da trepadeira — O cântaro com a flor da ameixeira — Rikyū varre o jardim — Rikyū e Jōchi — Rikyū e a pedra de piso — Rikyū e o estrado para as espadas — A enxada de Dōroku — Violetas gencianas e crisântemos — O chá de Hariya Sōshun
O Caminho do Chá e os Ensinamentos Zen......... 93
O Caminho Zen como o cerne ao se tomar o chá — A prática da doutrina do chá — Sobre o verdadeiro sentido dos ensinamentos do chá

— *Notas tomadas na sala de chá pelo venerável Takuan*
WABI 104
A Sala de Chá e o Jardim do Chá 113
   O caminho do jardim
O Caminho do Chá e as Flores 127
O Caminho do Chá e a Pintura 133
O Caminho do Chá e o Homem do Chá 141
Bibliografia 147

Prefácio

Kei — reverência ou respeito profundo
Wa — harmonia
Sei — pureza
Jaku — serenidade

No mosteiro onde fiz minha formação, em Nagoia, há em um jardim interno — que mais parece um caminho de montanha com azaleias, pinheiros retorcidos, moitas verdes e musgo no chão — uma cabana rústica usada para a cerimônia do chá.

O mosteiro fica na cidade, em um bairro residencial classe média alta, cercado de casas antigas e algumas edificações mais modernas. O próprio mosteiro foi reformado algumas vezes, adaptando-se às necessidades do mundo atual.

Entretanto, quando entramos nesse pequeno jardim é como estar atravessando um portal invisível, de tempo e espaço. Uma grande pedra nos serve água fresca para lavar as mãos e a boca, purificando corpo e mente. Em reverência profunda e serenidade iniciamos a jornada pelo caminho da harmonia da Cerimônia do Chá.

Para mim, recém-chegada dos Estados Unidos, onde praticara o Zen por três anos, aquele jardim e aquela cabana eram um recanto sagrado. Sem falar japonês e sem compreender hábitos orientais, fiquei logo encantada com a delicadeza, simplicidade e profundidade do Caminho do Chá.

Um caminho de prática. Um caminho de penetração na verdade e na essência. O caminho da não dualidade, do respeito, da harmonia, da pureza e da serenidade. Nirvana a ser alcançado numa chávena de chá.

Era-me difícil ficar sentada em seiza, posição conhecida como vajra no Yoga, na qual nos sentamos de joelhos sobre nossos calcanhares. Esforçava-me. Era fascinante estar em silêncio. Ouvir o som da água fervendo, perceber os movimentos precisos e harmoniosos de purificar todos os utensílios que seriam usados, sentir a fragrância do chá e a delicadeza em beber cada gole, totalmente presente e completa em cada momento.

Era o próprio samadhi, a própria iluminação em ação.

Depois de cada aula treinava coisas simples como sentar e me levantar de forma suave, sem trancos. Era difícil encontrar o ponto de equilíbrio.

Uma vez por semana Kakujo Kurigi Roshi, mestra Zen e mestra do Chá, vinha ao nosso mosteiro e gentilmente nos guiava. Ela percebia meu interesse e meus esforços. Meus olhos brilhando as faces avermelhadas na afinidade que ali encontrava.

Mas, por mais que treinasse uma determinada sequência, quando chegava a aula seguinte, onde eu gostaria de exibir à Mestra e às minhas companheiras de mosteiro o que havia aprendido, ela mudava toda a cerimônia. Fascinante. Era instigante. Sempre havia algo novo a aprender. Diferentes estações do ano, diferentes utensílios.

Mais tarde a Mestra permitiu que eu fosse também ao seu templo, duas ou três estações de metrô distante do nosso mosteiro, a fim de me aprofundar na cerimônia.

Lá havia alunas mais avançadas. Praticava-se também o Koichá – o chá mais forte, compartilhado, comungado no silêncio sagrado da sala de iluminação. Eram novos detalhes, novas descobertas. Havia um caminho simples.

A Mestra me abria as portas de seu templo, as portas de uma compreensão além do detalhe.

Fui com ela a grandes Cha Kais – Encontros de Chá, organizados pelo Iemoto (Líder de uma Escola de Chá).

Ela me colocava ao seu lado. E aonde ela chegasse era sempre considerada a hóspede de honra. Sentia-me embaraçada por não saber o suficiente e feliz pela honra de estarmos lado a lado.

Poucas palavras, grande intimidade.

Fui aprendendo a seguir o seu olhar.

Nunca me repreendeu. Nem nunca me elogiou.

Acolhia, ensinava. Sentia-me amada, respeitada. Assim como eu a amava e respeitava.

Seu nome significa Iluminação Realizada. Assim era.

Ao ler este livro inúmeras memórias foram saltando à minha frente e fui percebendo o quanto Kurigi Roshi foi importante durante os oito anos em que estive no mosteiro.

O quanto a Mestra é importante em minha vida.

Mesmo que raríssimas vezes tenha praticado a Cerimônia do Chá desde que voltei ao Brasil, sinto que minha Mestra me acompanha e sempre, eternamente, serei grata.

Houve apenas uma ocasião, quando na antessala algumas noviças comentavam com a Mestra sobre outra professora — por estar ausente do mosteiro, quase uma crítica — e eu, querendo notar que pensava como elas, ia manifestar minha opinião, quando a Mestra olhou para mim e com suave firmeza disse:

"Você não."

Senti-me privilegiada com esse ensinamento.

Não falar dos erros e faltas alheios é um dos Preceitos budistas.

Ela ali me relembrava. Se as outras criticavam, eu não devia criticar.

Tudo era ensinamento. Como andar, como sentar, como tocar objetos, como preparar o chá, servir os doces, tomar o chá, dobrar os papéis. Entretanto, o mais importante era poder tornar-se o Caminho. Isso transcende até mesmo a etiqueta correta.

É preciso ir além. Isto é o Zen. A minha mestra era uma grande mestra. Embora eu fosse uma estrangeira sem nenhum conhecimento da cultura ou hábitos japoneses, ela me acolheu e me abriu os portais do Caminho do Chá.

Ah, tantas memórias e tantas doçuras. Certa vez o próprio Iemoto preparou um Chakai — Festival de Chá — como se estivéssemos em Paris. Ele era arrojado. O Chá era servido em bancos cobertos de vermelho, mas a música e o cenário eram franceses.

Mais tarde minha Mestra começou a nos ensinar a fazer o chá, sentadas em banquetas altas. Preparando-me para transcender o chão de tatames. Permitir que pessoas de diferentes culturas pudessem acessar o Caminho do Chá.

Há várias entradas para o Caminho.

O Caminho significa a verdade, a essência.

Ele não está longe, em algum outro lugar.

Está onde estamos. Fazendo nos tornamos.

Somos o Caminho. Entretanto, sem prática não há realização.

O Caminho do Chá é ser capaz de servir ou de beber com apreciação uma chávena de chá-verde, cheiroso, macio.

Tudo fica mais claro, transparente. O verde fica verde, a azálea rosa, rosa. O azul do céu, azul. Sons apenas sons.

Adequação. Ação correta. Hoje, neste dia, o que é adequado? Agora, neste momento, o que é o Caminho?

Recebi alguns certificados — mas isso não era importante.

Depois me graduei e sai do mosteiro de Nagoia. Fui para longe, para Hokkaido, ao norte do Japão. Recebi convite para praticar com uma professora de outra escola de chá. Não poderia fazê-lo sem aprovação de minha Mestra. Depois de muita hesitação, pois me parecia que estaria traindo a nossa escola, uma escola pequena de Nagoia, chamada Matsuryo, que eu aprendera a amar e respeitar, telefonei para minha Mestra. Ela aprovou dizendo que talvez, no Brasil, fosse melhor que eu seguisse a linha da Urasenke, escola de Chá mais difundida no Ocidente.

Assim, por dois anos e meio, recebi instruções e pratiquei, adaptando-me a girar a chávena de outra maneira.

Então fui descobrindo que a essência do Caminho do Chá só pode ser atingida quando tendo a maestria da forma podemos ir além da forma e com grande simplicidade servir com respeito uma chávena de chá.

Este livro é assim. Uma cerimônia de chá, um caminho de libertação, uma caminho de prática Zen.

Aprecie e descubra a si mesmo.

Mãos em prece
Monja Coen

Prefácio

O conceito de "Caminho" encontra-se no centro da criação cultural e espiritual do Japão. É o fio condutor dos múltiplos aspectos de todas as artes das ilhas japonesas, e dentre elas da prática do cerimonial de beber o chá. O Caminho é a tradição de uma arte. Para o praticante dessa arte, sem um Caminho não há uma trajetória a seguir.

Muitos são os Caminhos do Japão. Entre eles, um é o Caminho do Chá, o *chadō* ou *sadō*. É nossa intenção nos dedicarmos, aqui, a esse Caminho. Desde a remota Antiguidade, a educação e a cultura já exigiam o percorrer de algum Caminho, e quem o trilha torna-se um homem desse Caminho, *michi no hito*. Se...

A princípio, o Caminho nada mais era do que um aperfeiçoamento artístico, a ser adquirido através de dedicada prática, realizada sob a direção de um Mestre. Houve, porém, uma transformação na época medieval, que resultou uma importante evolução. A partir de então, o homem não procura apenas determinada perícia no Caminho, porém nele também encontra agora um conjunto de princípios, de verdades e ensinamentos que podem proporcionar algo ao não especialista, ao leigo. O Caminho tornou-se uma ferramenta de instrução para os homens em geral. Dado representar uma tradição, o Caminho percorre várias gerações e será transmitido às descendências futuras, cristalizando a soma de experiências isoladas que se deram na própria prática e que, portanto, são de permanente importância para o posterior exercício do Caminho em questão.

Tradição, no sentido japonês, não é a mera transmissão de algo estabelecido, acabado, criado por um Mestre. Tradição significa o ensino de um Mestre em sua totalidade, e "o contínuo vivenciar" do seu legado em toda a sua plenitude. E não são apenas os aspectos já maduros de um Caminho os transmitidos, pois a tradição também inclui o que ainda está imaturo, os elementos ainda em crescimento. Aí está, precisamente, o que é importante para um completo desenvolvimento do Caminho em questão, pois é parte integrante do Caminho como um todo e só poderá ser atingido por um discípulo ou aluno quando ele já conhece os degraus que levam a essa plenitude.

Esse discernimento desempenha um papel significativo na aprendizagem das artes, *gei*. O conceito de "artes" deve ser entendido no sentido do Extremo Oriente; as artes compreendem tudo o que pode contribuir para o desabrochar do caráter de um homem, tudo o que aproxima a essência do seu ser da sua plenitude, tudo o que forma as suas capacidades tanto manuais como espirituais, levando-o a atingir a maturidade.

A princípio, o discípulo que está a Caminho deve manter-se rigorosamente dentro da tradição. Em outras palavras, deve ater-se à experiência de um Caminho, assim como ele lhe foi transmitido e aperfeiçoado de geração em geração, representado na forma de um modelo concreto ou através do legado oral ou escrito. Nenhuma liberdade lhe é concedida. A liberdade pessoal de agir espontânea e criativamente lhe é negada, pois esta não é a verdadeira liberdade que se deve almejar. Só quando consegue subjugar seus caprichos, alcançando a disciplina de si próprio — tendo, portanto, vivenciado, em sua totalidade, o que recebera —, poderá o discípulo reconhecer aquilo que contém um valor eterno para o seu próprio Caminho. Ele terá atingido, então, a maturidade e poderá ir ao encontro de sua própria criação que, nesse momento, surge espontânea no interior do seu ser.

As mais variadas influências contribuíram para o surgimento desse Caminho-Tomada-de-Consciência, no Japão; delas uma grande parte emana em particular dos poderosos impulsos provenientes dos ensinamentos zen. Foram, sobretudo, os ensinamentos zen que selaram a face espiritual dos diversos Caminhos e das suas configurações internas. Deve-se considerar a influência do espírito zen como um elemento decisivo na formação dos Caminhos, que se desenvolveram a partir da época de Kamakura. E entre eles, sem dúvida, o Caminho do Chá. Uma expressão como *chazen-ichmi* ("*o* Caminho do Chá e o Zen constituem uma unidade") indica claramente essa íntima interação. Laços estreitos uniam quase todos os Mestres do Caminho do Chá ao Zen. Essa influência transformou o culto do chá no Caminho do Chá. Só uma rigorosa autodisciplina e a transmissão de experiências de espírito para espírito — *ishin-denshin* — podem ajudar o homem a percorrer o seu Caminho individual. Cada Caminho japonês almeja penetrar a essência do eterno e vivenciar o Todo-Uno. Porém, essa meta só é alcançada quando o caminhante — aquele que procura — abdica do seu próprio ego e vivencia a ausência do eu — *muga* — e o vazio *kū*. É um silêncio tão profundo que ressoa, e esse som permite a quem o escuta, uma vez alcançada sua maturidade, vivenciar repentinamente o Todo-Uno. E um tal silêncio reina sobre o Caminho do Chá que, em última instância, faz ver o Caminho que conduz ao próprio ser.

Aquele que atingiu a maturidade através desse Caminho, e que pela mais severa autodisciplina alcançou o objetivo de perfeição do seu ofício, vivencia na pequena e vazia sala de chá a verdadeira liberdade; essa liberdade maior que transcende os pequenos caprichos pessoais. E vivenciará até no mais íntimo, a liberdade de um homem que se liberta de todas as amarras que o atavam ao Eu, enraizadas que estavam na existência do ego.

E se, no Japão contemporâneo, o Caminho do Chá ainda ocupa um lugar de destaque, isso se deve ao fato de que também lá o homem moderno vive hoje uma época em que o "centro" de tantas esferas da vida foi perdido. Entretanto, os homens levam dentro de si a saudade do "silêncio". Nesse sentido, o Caminho do chá indica-lhes uma senda que vale a pena trilhar, mesmo quando estreita e difícil de percorrer. Ela conduz à autodescoberta do homem. O grande mestre Rikyū declarou em certa ocasião: "A arte do Caminho do Chá consiste apenas em ferver a água, preparar o chá, e bebê-lo". Que fácil parece, que simples! E, no entanto, muito pouco são os que descobrem como "viver" a vida, como libertar-se da tirania das coisas, como entregar-se completamente a "algo" e, absorvido nesse seu afazer, excluir qualquer pensamento ou medo das circunstâncias externas e irrelevantes. Compreender que "o Um está no Todo e o Todo no Um" é compreender que o Todo não pode ser dissociado do Um: essa é a experiência última desse Caminho.

Porém, "ser perfeitamente imperfeito" é uma grande arte ou, parodiando as palavras de um velho mestre zen: "Não se deve olhar o dedo que aponta quando se quer admirar a Lua cheia".

À Guisa de Introdução

Aquele que conhece o seu próximo é um conhecedor:
aquele que conhece a si próprio é um sábio.

TSUNG-MI

Meu primeiro contato com o Caminho do Chá e com o Ensinamento do Chá — o *chadō* —, deu-se por volta do terceiro ano de minha estada no Japão. Eu havia recebido um convite para um *chakai*, uma reunião de chá, na casa de um conhecido Mestre do Chá, em Nagoya. Eu ainda não havia me ocupado com a prática dessa forma cerimoniosa de tomar chá e, portanto, podia encarar essa primeira experiência de um modo objetivo. Encontro as seguintes notas no meu diário:

    Um maravilhoso dia de outono, de um céu alto e claro, iluminando no seu vermelho profundo as folhas do alce-anão. A folhagem amarela das árvores gingko, que cerca o jardim contra uma cadeia de colinas, irradia ainda o calor do declinar do dia. Deixando o pátio de entrada da casa, circundado por um muro caiado de branco e coberto por telhas azul-acinzentadas, sigo um caminho pavimentado de cascalhos redondos e escuros. Passo por um portão de bambus trançados e entro no jardim. Ali, interrompo os meus passos. Será este jardim um mundo criado por mãos humanas? É um cenário encantador, semelhante aos que se encontram nas planícies costeiras das ilhas japonesas, uma paisagem que reflete todas as particularidades daqueles vales. Tenho a impressão de ouvir, ao longe, o murmúrio do mar e de escutar sua brisa, que brinca entre os galhos dos pinheiros seculares.

Sigo a trilha, e ela me conduz a um barracão simples, coberto por telhas de madeira, aninhado num pequeno bosque de bambus. Por entre as telhas derrama-se um musgo verde-escuro. O lugar emana uma aura de familiaridade oculta. Sou o primeiro hóspede a chegar a essa casinha de espera — *machiai*. Aqui encontrarei os outros convidados do meu amigo, o Mestre da Cerimônia do Chá, e então assistiremos juntos a essa Cerimônia, ao *chanoyu*.

A casinha de espera abre-se para o lado do jardim. No seu interior há um simples banco de bambu. Sobre ele estão duas almofadas de palha e, próximo, há um queimador de incenso. Sento-me e olho para fora, para o jardim. Aqui e acolá, encontram-se grupos de pedras, entre os quais crescem, luxuriantes, o musgo e os bambus-anões. Entre os galhos das árvores, brancas, lilazes e vermelho-escuras, cintilam as flores estreladas do áster silvestre. As águas de um córrego estreito, claras como o cristal, correm alegres sobre pedregulhos coloridos, símbolo da impermanência de

toda a existência terrestre. As panículas do capim-dos-
-pampas inclinam-se ao suave vento do outono. Atrás
das folhagens dos arbustos, já iluminados pela estação, vislumbra-se a madeira artisticamente trabalhada, denunciando a presença de uma pequena ponte.
Um quadro de silenciosa solidão, de distante contemplação — assim é o jardim.

Logo aparecem os outros convidados. São quatro ao todo. Um velho erudito de porte e dignidade, um conhecido pintor com a mulher e um comerciante que goza de boa reputação como colecionador de arte. Cumprimentamo-nos com profunda inclinação do corpo. Trocamos poucas palavras. Apenas alguns elogios pelo traçado do jardim, sobre a beleza das cores do outono e a respeito do requintado gosto do nosso anfitrião. Porém, permanecemos a maior parte do tempo num silencioso deleite por esse momento de concentração interna, cuja solenidade é acentuada pelo suave sussurrar das folhas de bambu na brisa.

Hoje, na hospitalidade da casa do meu amigo, onde, por tantas vezes, passei horas divertidas e felizes, tem um sentido especial. Os grandes portões de entrada ainda não foram abertos para me saudar. A multidão de empregados não está pronta, solícitos como de costume, para receber os convidados. Somente o velho dono da casa, no seu luxuoso quimono escuro, me recebe, e quase sem proferir palavra de saudação, ele me conduz ao pequeno portão lateral, que descortina o caminho em direção à casa de espera. Lá, despede-se com uma inclinação muda e se retira.

E, assim, o convidado é deixado só e sem um guia que o oriente pelo estreito caminho que o conduz, por entre a beleza do jardim, à silenciosa e retirada casa de espera. Cada um de seus passos pelas profundezas do jardim vai apagando do coração o mundo cotidiano, com sua pressa e seu comercialismo. Caminha-se em direção a um mundo livre das imposições diárias, esquecem-se os porquês e já não mais se indaga para onde. Quanto mais o convidado adentra o jardim, esse mundo de solene tranquilidade, mais livre se torna das preocupações do dia a dia. Também os demais convidados parecem transformados. O erudito, naturalmente tão reservado, está mais comunicativo; o pintor perdeu sua acentuada tendência para discussões de ordem estética, e o comerciante, a sua preocupação com o andamento dos negócios. Esqueceram-se todos das coisas que normalmente preenchem suas vidas desde a manhã até a noite. Jogando-as fora, renderam-se, sem reservas, a esse mundo de silêncio e de liberdade interior.

Após curta espera, nosso anfitrião aparece no caminho que leva para fora do bosque de bambu. Vem em nossa direção com um ar festivo e solene. Para a uma certa distância dos convidados e inclina-se profundamente. Este é o seu cumprimento. Nenhuma palavra, nenhum gesto. Vira-se, então, e retorna pela mesma trilha. Agora está pronto para receber seus convidados — este é o significado desse pequeno ritual. Segue-se um momento de silêncio. Então, o *shōk--yaku*, o convidado principal, inclina-se diante dos demais hóspedes e acompanha o anfitrião. Os outros seguem a pequenos intervalos e sem uma sequência particular. Sou o terceiro convidado a deixar a casa de espera. O caminho atravessa primeiro o pequeno bosque de bambu. Aqui as cigarras entoam sua última canção. O caminho desce, então, suavemente. Em ambos os lados da trilha, os tufos de cravos-da-índia abrem-se em botões rosa-claro. Esse não é propriamente um caminho de jardim, no sentido europeu. Uma série de pedras conduz o hóspede, havendo entre cada uma delas a distância de um passo. Essas pedras chamam-se *tobishi* — pedras que servem para pisar. Entre elas crescem um rico musgo verde e uma exuberante grama *shiba*. Outros caminhos cruzam o nosso. Ocasionalmente, pedras menores, colocadas sobre cada uma das que pisamos, indicam ao caminhante que direção lhe é vedada. Essas pedrinhas, denominadas *tomeishi*, são barreiras intransponíveis. Sigo as curvas do caminho calmamente, hesitando aqui e ali, para gozar dos aspectos naturais criados artisticamente, que configuram a paisagem do jardim. Não há, por menor que seja, o mais leve indício desses aspectos criados pelo homem. Atravesso o fluir das águas pela ponte e encontro-me, então, diante de uma grande pedra lisa, esculpida em forma de bacia, da qual jorra, murmurante, a água fresca de uma fonte, através de um cano de bambu. Ao lado dessa cavidade, há uma simples concha de bambu. A uma curta distância, eleva-se uma lanterna de pedra, acinzentada pelos anos, e com um teto suavemente curvo, coberto de trançados.

Levanto a concha, mergulho-a na cavidade e, enchendo-a, tomo um gole do seu conteúdo para refrescar a boca. Deixo o resto da água escorrer pelas mãos. Concretizo, assim, uma purificação simbólica: livro-me agora até do último vestígio de pó daquele mundo terrestre que ainda poderia aderir a mim. Limpo e livre, posso ingressar no mundo do chá, posso entrar no mundo do silêncio.

Apenas mais alguns passos e, então, sou forçado a parar — que sinfonia de arte e natureza, que unidade de perfeita-imperfeição! Lá se encontra o *chashitsu*, sala de chá. Expressão de indescritível bom gosto: artística sem ser artificial, concebida conscientemente e, entretanto, tão pura na sua forma e tão natural no que concerne ao material empregado, que parece quase inacreditável aos meus sonhos. Pode o espírito criativo do homem conceber obra tão natural? Se não denotasse esse bom gosto, tão extraordinariamente refinado, se poderia chamar a sala de chá de mera cabana. Um teto de palha inclina-se até embaixo, espesso de musgo. Servindo de calha, um mero bambu. Paredes parcialmente cobertas de junco, parcialmente cobertas de barro. E, à entrada, uma porta corrediça e baixa revestida de papel-arroz, impecavelmente branco. Em frente, o umbral de pedra.

Inclino-me e deslizo para dentro da sala de chá; ando devagar, em direção ao nicho* — *tokonoma* — que se encontra em diagonal, do lado oposto da porta, ajoelho-me diante dele numa reverência profunda, até o chão. Então, contemplo o arranjo de flores exposto no nicho. Num vaso de bambu, há um galho de frutinhas vermelhas contra um fundo de folhagem de outono, de onde balançam pérolas de água semelhantes a gotas de orvalho. Inclino-me, então, mais uma vez, levanto e procuro meu lugar ao lado do hóspede que me precede. Os convidados sentam-se de costas para as portas corrediças revestidas de papel-arroz, que separam a sala de chá do jardim.

O anfitrião só aparece quando todos os hóspedes estão reunidos. Consequentemente, tenho tempo para observar o aposento. Quatro tatamis e meio, cobertos com delicadas esteiras de *arroz,* revestem o chão e, ao mesmo tempo, determinam o tamanho da sala, de chá — por volta de nove metros quadrados. As flores são o único adorno do *tokonoma.* No centro da sala, um pedaço de tatami foi retirado. É o espaço ocupado pela pira, com a sua moldura de madeira escura. No

---
* O nicho próprio para a exibição de um quadro ou de algum outro objeto de valor, ou mesmo de um arranjo de flores, é o ponto central da sala de chá, a sua máxima expressão artística. (N. T.)

seu interior, as cinzas foram delicadamente juntadas por uma escova, formando um cone e escondendo, em parte, os carvões em brasa. Sobre o fogo e apoiado num tripé, há um caldeirão de ferro pesado; sua cor revela a sua antiguidade. Vejo um queimador de incenso e uma pequena pena-espanador sobre uma estante. Nada mais enfeita a sala. A não ser que se considere como adorno os veios da madeira escolhida para dividir as superfícies escuras das paredes, ou o revestimento da madeira do teto.

Quando nós, os convidados, começamos a conversar baixinho — um sinal de que havíamos terminado nossa contemplação da sala de chá — entra o anfitrião. Ele faz isso através de uma porta que divide a sala da Cerimônia do Chá — *mizuya* — daquela onde se prepara a cerimônia. Ajoelha-se, faz uma profunda reverência diante de seus hóspedes. Desaparece, então, mais uma vez pela porta, retornando em seguida com diversos utensílios — uma cesta com carvão de lenha, anéis para levantar a chaleira do fogo e coisas assim. Traz também um recipiente contendo cinzas. Senta-se ao lado da cavidade do fogo, levanta a chaleira, arruma o fogo mais uma vez, juntando as cinzas em volta do carvão. Ele também espalha o incenso sobre o fogo. Todos nos aproximamos do fogo durante esse seu procedimento e o observamos com atenção. Em seguida, voltamos a nossos lugares. O convidado de honra pergunta ao Mestre do Chá se ele pode examinar o queimador de incenso mais de perto. Ele traz o queimador até onde está o convidado e o coloca com cuidado sobre o seu *fukusa*, um pequeno pano de seda marrom. Essa peça de tecido tem papel importante, pois é sobre ela que são colocados os utensílios do chá, ao serem observados. O convidado principal desdobra o seu próprio *fukusa*, de um lilás exuberante, e para ele passa o queimador de incenso. Observa-o detalhadamente, passando-o, então, de convidado a convidado, até que o último o devolva, agradecido, ao anfitrião.

O dono da casa volta para o seu *mizuya*, anunciando em seguida que naquele momento será servida uma "refeição frugal". Assim, ele traz cinco bandejas, uma de cada vez, uma para cada hóspede. O número de pratos é menor do que o das habituais refeições japonesas de cerimônia, porém, em compensação, os manjares oferecidos são de qualidade superior e preparados com os mais delicados ingredientes. Até mesmo os talheres denotam um gosto requintado. Com uma pequena reverência, recebemos as bandejas, pegando-as do anfitrião com ambas as mãos. A bebida é o *sake*, o vinho de arroz, quente. Para finalizar, são oferecidos doces. E assim termina a refeição do chá — *kaiseki*. Inclinando-se, o anfitrião convida seus hóspedes a descansarem um pouco, e se retira. Depois de nos curvarmos mais de uma vez diante do *tokonoma*, saímos da sala de chá na mesma sequência que entramos, retornando à casa de espera.

Nessa casa começamos a conversar e alguns convidados acendem um cigarro ou um pequeno cachimbo japonês. Após breve espera, o som de um gongo reverbera, vindo da sala de chá — cinco toques longos e penetrantes. Nossa conversa cessa ao primeiro toque e faz-se um silêncio reverente. Sentimo-nos como que transportados a um templo zen, retirado num desfiladeiro de alguma montanha. A atmosfera é solene.

Mais uma vez, é o convidado principal o primeiro a retomar o caminho que leva à sala de chá. Nós o seguimos na mesma ordem anterior. Aproxima-se o entardecer; por entre as pedras e ao longo do próprio caminho há pequenas lanternas de bambu. Antes de entrarmos na sala de chá, cada um, mais uma vez, realiza a cerimônia de purificação diante da bacia d'água esculpida na pedra.

Lá, as flores que adornavam o nicho da sala de chá deram lugar, agora, a um quadro de pergaminho. É um simples desenho em branco e preto, que retrata uma vassoura feita de brotos de bambu. Na escavação, sobre o fogo, a água borbulha suavemente na chaleira. No tatami estão um *mizusashi* — um jarro com água, e a *cha'ire* — a caixa com o chá, nos seus devidos lugares. Tão logo todos os convidados estejam presentes, o Mestre do Chá aparece. Ele carrega a vasilha do chá com as duas mãos. Na vasilha de chá estão o *chasen*, uma espécie de pincel feito de bambu, e o *ochakin*, um pequeno pedaço de linho branco. A colher do chá — *chashakuz* — está atravessada sobre a vasilha do chá. Saindo mais uma vez, na volta, o anfitrião traz um recipiente para a água usada, *koboshi*, uma canequinha para retirar a água — *hishaku* — e um suporte para a tampa quente da chaleira — *futa'oki*. O misturador do chá, o linho branco e o instrumento para retirar a água são novos e resplandecem de frescura. Os demais utensílios do chá denotam sua antiguidade e testemunham um gosto artístico altamente requintado.

O Mestre senta-se da maneira prescrita e agora começa a cerimônia propriamente dita. Toda participação individual na cerimônia é realizada numa sequência de gestos e movimentos precisos, predeterminados. Dobrar o tecido do linho, segurar o recipiente que retira a água, enxaguar as tigelinhas de chá na água quente, abrir a caixa do chá, sacudir a colher de chá, assim como os movimentos de mexer a bebida — tudo isso está firmemente estabelecido pela tradição e cada gesto é realizado estritamente de acordo com as regras da escola em questão.

Enquanto o anfitrião se prende aos preparativos iniciais, o primeiro convidado se serve de um dos bolinhos oferecidos e passa o prato de bolo para o próximo hóspede, da maneira determinada. Então, o anfitrião coloca diante do convidado uma vasilha contendo um chá-verde, espesso e batido. Seguem-se reverências mútuas, e mais uma inclinação por parte do convidado principal para quem está sentado ao seu lado, como que se desculpando por beber antes dele. Somente então ele pega a tigela do chá, coloca-a sobre a palma da mão esquerda, apoiando-a com a direita. Toma um gole, um segundo e um terceiro, balançando a tigela suavemente a cada vez. Com um papel fino e branco, que passa na borda, exatamente onde bebeu, limpa a tigela, entregando-a ao próximo convidado, sendo uma vez mais trocadas as reverências prescritas. E assim por todo o círculo de convidados.

 Elogia-se o gosto do chá, sua força, sua cor e geralmente fala-se sobre coisas que proporcionam prazer ao anfitrião. As conversas da sala de chá estão a uma grande distância da esfera do cotidiano. Fala-se de pintores, de poetas, de Mestres do Chá e de suas obras, do gosto e do enfoque de diferentes épocas e dos requintados aparelhos de chá. Quando a cerimônia chega ao fim, o convidado principal pede para examinar os utensílios do chá. E, agora, começa uma observação detalhada da tigela, da caixa e da colher de chá. Trocam-se perguntas e respostas entre o anfitrião e seus convidados. Indagamos a respeito da origem dos utensílios do chá, queremos saber o nome do artista que os elaborou, pois toda boa peça tem sua história própria e individual.

 A tigela usada hoje é uma simples vasilha de chá, da cor do marfim, esmaltada num verde fosco. Eu ainda não sabia que essa tigela já pertencia à família havia mais de duzentos anos, dada pelo senhor feudal a um dos antepassados como presente, em agradecimento por um ato memorável; começo então a compreender seu verdadeiro valor. A caixa do chá é um trabalho em laça de rara beleza. O valor da colher de chá — simples, estreita, de bambu — ainda permanece oculto para mim.

Que impressão guardo dessa primeira Cerimônia do Chá? Ela me provocou um especial sentimento, que me fez recordar uma experiência vivida anos antes no meu país natal. Estávamos em viagem pelo sul da Alemanha, visitando uma dessas tão encantadoras igrejas de vilarejo. Acompanhava-nos um amigo, músico de profissão e por vocação. Ele sentou-se ao órgão e tocou Bach. E, de repente, como a música preenchesse todo o espaço da igreja, sentimos como se o próprio lugar tivesse desaparecido, permanecendo apenas o fluir das notas. Eu, também, parecia estar sendo privado de toda materialidade, totalmente absorvido pela música. E, aqui, no Japão, agora, eu havia tido uma experiência similar. O efeito da Cerimônia do Chá foi tão forte para despertar um sentimento de entrega de si próprio, um sentimento de unidade com todos os outros e um extraordinário sentimento de satisfação consigo mesmo e com tudo o que está ao redor.

Essas foram as observações do meu diário. O primeiro encontro com essa forma de beber o chá impressionou-me profundamente e motivou-me para buscas mais extensivas. Não eram tanto outras formas da cerimônia que me interessavam e, sim, o seu oculto significado interior. O fato de ser um niponólogo dava-me uma vantagem. Como parte das minhas investigações, eu podia agora examinar os numerosos trabalhos relacionados com o chá, com a arte cerimonial de bebê-lo e com a natureza da especial doutrina do chá, o Caminho do Chá. Além disso, eu tinha inúmeros amigos japoneses, discípulos do Caminho do Chá — discípulos não apenas no sentido de dominar suas formas, mas também num sentido muito mais profundo. Eles estavam verdadeiramente à procura do princípio fundamental. Para eles, a Cerimônia do Chá não era uma simples brincadeira estética, nem tampouco um treinamento de etiqueta. Eles eram *chajin*, Pessoas-do-Chá no mais íntimo de seus corações.

Pelas notas de meu diário, entretanto, mesmo que deem apenas uma pincelada sobre o aspecto externo dessa cerimônia, um fato jamais deixa de ficar bastante claro. Há um grande número de regras a serem dominadas, antes que se possa dar prosseguimento a essa cerimônia. As regras são interligadas de modo tão próximo, e organizadas de tal maneira, que cada uma é produto — deve provir — quase que inevitavelmente da anterior. De fato, no seu conjunto as regras são tão numerosas, tão envolventes, que, à primeira vista, não parecem deixar espaço algum para um toque pessoal no culto à Cerimônia do Chá. Contudo, não é este o caso. Muitos Mestres do Chá, na realidade, enfatizam o aspecto pessoal, criativo. Mais adiante compreenderemos como a criatividade pode transcender as regras e, ainda, adaptar-se às suas várias categorias. Sobre isso numerosos exemplos podem ser citados.

A mais essencial e básica de todas as regras é a de que cada coisa deve estar em harmonia com o seu meio ambiente; deve ser simples, mas evitar o simplismo natural das coisas; deve ser verdadeira — assim sua substância, a matéria que a constitui, deve ser reconhecida e livre de toda pretensão. E, assim como as coisas estão em harmonia com o seu meio ambiente, devem estar também harmoniosamente relacionadas com o mundo que as rodeia — com as estações do ano, por exemplo. O inverno, em contraste com o verão, impõe diferentes exigências quanto à temperatura, à lareira, ao calor e à forma dos utensílios. Todas essas gradações e distinções são extremamente bem fundamentadas. Mesmo as atitudes e movimentos do anfitrião e dos convidados estão sujeitos a essas regras, não sendo adequado detalhá-las aqui. A verdadeira pergunta que estamos tentando responder aqui é: para onde conduz o Caminho do Chá? Qual o objetivo último dos Ensinamentos do Chá? Respondendo a essas perguntas, não podemos evitar alguns questionamentos de ordem formal, mas a eles só nos dirigiremos quando forem decisivos para as perguntas sobre a atitude interior.

A verdadeira compreensão do Caminho do Chá só pode ser alcançada a partir de suas raízes — através da história das suas origens e do seu desenvolvimento. Embora o hábito de tomar chá, mesmo de uma forma cerimoniosa, já fosse conhecido no Japão desde épocas remotas, o que hoje temos por Caminhos do Chá é mais do que uma particular forma de bebê-lo. Concretiza uma atitude que é absolutamente étnica. A natureza dessa atitude só pode ser realmente compreendida quando estamos cientes de todas as influências que o fazem crescer e se transformar, no decorrer de um longo processo de maturação. Não será possível assinalar aqui todos os passos desse Caminho, pois muitos deles, parodiando as palavras de um Mestre do Chá, foram "efêmeros como o orvalho da manhã no caule da planta de arroz".

Um japonês falará do *chadō*, do Caminho do Chá. Há vários Caminhos no Japão. Há o Caminho das Flores, o Caminho da Pintura, o Caminho da Poesia e diversos outros. Cada uma das artes japonesas possui seu próprio Caminho. Que significado interior, então, encerra o conceito de "Caminho" — *michi*, em japonês, *dō*, em sino-japonês, e *tao*, em chinês? Essa é a primeira pergunta que exige nossa atenção.

Um Caminho vem de algum lugar e leva a algum lugar. Seu objetivo é a compreensão dos valores eternos, a compreensão da Verdade — *makoto*. No seu percurso, o Caminho age como um severo guardião da tradição — termo que para os japoneses tem uma conotação bem diferente da europeia. Assim, no sentido japonês, ele mantém um vínculo inquebrantável entre o passado, o presente e o futuro. Esse é o fundamento sobre o qual se baseia a relação mestre-discípulo, tão importante para o desenvolvimento das artes japonesas. É vital que o discípulo comece pela obtenção de um firme domínio dos caminhos tradicionais. A aprendizagem de uma das muitas "artes" dá-se, no Japão, por um processo quase mudo. O Mestre fornece o exemplo, o discípulo copia. Esse processo é repetido vezes e vezes, mês após mês, ano após ano. Para um discípulo japonês esse adestramento nem de longe significa uma dura prova de paciência, como poderia parecer. Desde a infância são aplicados métodos educacionais que o preparam para isso. O Mestre nada procura em seu discípulo; nenhuma vocação, nenhuma genialidade. Ele apenas o treina para dominar plenamente a mera parte artesanal da arte escolhida. Uma vez alcançado esse objetivo, chegará afinal o dia em que o discípulo será capaz de apresentar em toda a plenitude o que tem no coração*, justamente porque o problema da formulação e da mera realização técnica não o aflige mais. A verdadeira espontaneidade só surge quando o coração atinge a maturidade. Também a arte, assim como qualquer outro ser da natureza, precisa crescer organicamente: ela jamais poderá ser criada por um ato da vontade.

---

* Eu gostaria de manter, aqui, o significado da palavra japonesa "coração" — *kokoro* — em seus desencontrados sentidos de coração, alma, espírito, faculdades afetivas.

Talvez um exemplo possa ilustrar esse método de ensino. Uma jovem alemã estudava pintura japonesa, no Japão, com o Mestre Morimura Gitō. Como havia feito escultura anteriormente, ela assimilou a parte técnica com facilidade. O Mestre, por sua parte, reconheceu o fato, porém não se desviou do seu Caminho. Quando ela chegava para a aula, ele ordenava seus pincéis, pulverizava a tinta na pedra de triturar, dispunha as cores e pintava-lhe um quadro, algum motivo, que ela deveria copiar até a próxima aula. Assim se passaram meses e meses, anos e anos. Depois de dois anos, finalmente, a estudante perdeu a paciência. Um dia ela surpreendeu o Mestre com um quadro de sua própria inspiração. Ele olhou o quadro durante muito tempo e, então, olhou para sua aluna durante mais tempo ainda. Sem proferir palavra, ele pegou seu pincel, mergulhou-o na tinta vermelha e traçou uma estreita linha sobre a "obra de arte". A moça ficou desapontadíssima. Como lhe havia parecido esplêndida a paisagem que havia pintado, com uma composição tão bem planejada! Meses mais tarde, o Mestre estava sentado na casa de verão de sua aluna. Enquanto ela preparava o chá, ele olhava criticamente para os desenhos dela, que estavam sobre a mesa. De repente, ele perguntou: "Qual é a origem deste?" — "Oh, não é nada, apenas um esboço, uma brincadeira" — foi a resposta. O Mestre ficou calado durante muito tempo. E, então, disse: "É este, este é o Caminho". Não é uma composição consciente que faz um quadro: longe disso. A pintura tem de vir de dentro, do coração. Ela surgirá tão logo o aluno atinja a maturidade; forma-se espontaneamente, sem intervenção. Estas são as tarefas do Caminho. Só assim ele poderá ser percorrido. No decorrer dos vários séculos de desenvolvimento da cultura japonesa, encontramos muitas vezes que reiteradamente assinalam o fato. Yoshida Kenkō (1283-1350), um cortesão entre vários imperadores e, finalmente, um eremita e monge, retirado do mundo, escreve em seu *tsurezuregusa* (Notas das "Horas de Lazer"):

... se uma pessoa segue estritamente o Caminho e não permite desordem, ela chegará finalmente, no decorrer dos anos — e muito antes do que alguém de maior talento, mas não tão bem preparado —, a uma posição de eminência e, reconhecidas pelos homens as obras por ela realizadas, terá alcançado uma fama incomparável. Mesmo entre os homens reconhecidos como eminências no mundo, há alguns que, a princípio, foram reputados como desprovidos de talento e que cometeram erros extraordinários. E, mesmo assim, pelo fato de cumprirem com precisão as exigências do Caminho, considerando-o importante e nele se concentrando totalmente, tornaram-se modelos neste mundo e guias para todos. Isto é válido do mesmo modo para todos os Caminhos.

A experiência artesanal acumulada durante o estudo de um Caminho encerra, ao final, bênçãos para o aprendiz, que, após anos de prática, atinge um de seus objetivos. Ele se torna um verdadeiro indivíduo. Só muito mais tarde ele se tornará um Mestre.

O coração de uma pessoa só se torna livre quando ela deixa todo e qualquer apego às coisas e a tudo o que se relaciona com esse mundo terrestre. O Caminho do Chá também possui esse objetivo e, no seu centro, está o próprio homem. O Mestre do Chá e seus convidados não medem esforços para atingir a perfeição*, do mesmo modo como um pintor aperfeiçoa o seu quadro, e o poeta, o seu verso.

---

* No Japão, o fato de não se medirem esforços para alcançar a plenitude do objetivo não significa um duro e penoso sacrifício; muito pelo contrário, encerra felicidade e alegria, pois é um ímpeto espontâneo, que brota do coração, da essência do ser. E para quem encontra sua vocação, para quem ama, cada esforço a favor do amado é um sorriso. (N. T.)

O Chá no Japão, sua Origem e seu Uso

Foi preciso que decorressem centenas de anos para que no Japão o chá ascendesse de sua condição de mera bebida medicinal e estimulante para se tornar o centro de reuniões sociais, mestre no seu próprio reino, entre seus pares. Somente após transpor os muros dos mosteiros e dos templos, ultrapassar as barreiras de classes e abandonar a corte imperial é que o chá atraiu todo o povo japonês para o seu fascínio. Pelos esforços dos grandes Mestres do Chá, o chá e a maneira de degustá-lo atingiram a perfeição. Surgiu o Ensinamento do Chá, o Caminho do Chá, o *chadō*. Apareceram grandes Mestres como Shukō, Jōo e Rikyū, que adotaram e fortaleceram o velho, criaram o novo e deram ao ensinamento seu conteúdo interior. Eles exigiram dos seguidores do Caminho do Chá não apenas o domínio artístico e artesanal na sua preparação e no modo de bebê-lo, mas pediram, também, uma determinada postura geral diante da vida. O ensinamento tornou-se um critério de vida.

Entre todos os multifacetados Caminhos do Japão, o chá ocupa uma posição especial e atrai mais discípulos do que qualquer outra arte japonesa. Historicamente, ora esteve em situação proeminente, ora aparentemente abandonado e esquecido.

A história do chá no Japão apresenta uma série de bem determinadas fases: depois de a nova bebida ter-se tornado bem conhecida na China, temos seu primeiro aparecimento e seu uso mais antigo no Japão, a instituição de competições em torno do chá, o surgimento do Caminho do Chá e seu primeiro florescer; seu abandono e declínio, seu novo despertar e aperfeiçoamento, e o requinte e a consolidação da sua tradição.

O país de origem do chá foi a China, onde, como antigas fontes nos revelam, o chá já era conhecido desde épocas remotas. Inicialmente, ele foi usado como medicamento e, mais tarde, também como uma bebida; porém o modo de prepará-lo e de bebê-lo era primário. Seu uso foi mais difundido durante a época das Seis Dinastias (420-588), quando foi, então, firmemente reconhecida a sua posição como bebida. Entretanto, foi só durante o período T'ang (618-906) que o chá alcançou uma verdadeira e alta consideração. O poeta e esteta Lu Yu (morto em 804) foi o verdadeiro pioneiro do Caminho do Chá e da maneira como bebê-lo. Ele redigiu *O clássico do chá, ch'a-ching*. Nos três volumes que compõem a sua obra, o autor fala da planta do chá, de seu plantio e da colheita de suas folhas, dos utensílios a serem utilizados no seu preparo, do processo de preparação em si e das diversas formas do cerimonial de tomar chá. É interessante notar que já são mencionados os utensílios que mais tarde serão usados de maneira parecida na Cerimônia do Chá japonesa. Escrita provavelmente por volta do ano 772, devemos a essa obra informações valiosas sobre o desenvolvimento e a forma de tomar o chá na China. Rapidamente difundida entre os amigos de Lu Yu, monges, poetas, pintores e escritores, foi então por eles propagada. O chá tornou-se moda como bebida a ser ingerida de acordo com certas normas precisas. Pode-se detectar, aqui, os primórdios do Caminho do Chá, na China.

Durante a época T'ang, o chá foi utilizado na forma de *dancha* (*t'uan-ch'a* em chinês) ou de *dashicha* (*yen-ch'a* em chinês). As folhas do chá eram refogadas, trituradas num pilão próprio e moldadas em forma de bolo, do qual se ia cortando os pedaços à medida que se necessitava. Esses pedaços eram fervidos com outros ingredientes aromáticos, e bebia-se, então, o produto decantado. Em outras palavras, era uma espécie de chá de arcila, tal como é utilizado até hoje. O chá utilizado pelos monges japoneses, na época de Nara (710-782), era desse tipo.

Esse chá cozido da época T'ang foi rapidamente substituído, durante a dinastia Sung (960-1279), pelo chá pulverizado, *matcha* (*mo-ch'a* em chinês) ou *hikicha* (*nien--ch'a* em chinês). Os brotos das mudas das plantas de chá especiais eram colhidos na época devida, ensacados e, subsequentemente, lacrados e guardados num grande jarro de pedra. Depois de uns dez meses o selo era quebrado e as folhas eram pulverizadas num pilão próprio; derramava-se, então, o pó numa xícara de chá, onde era batido e bebido. Esse tipo de chá foi difundido e muito apreciado no Japão no começo da época de Kamakura (1222-1333). Esse é o chá em pó, até hoje usado na Cerimônia do Chá. À medida que o tipo de chá se transforma, durante a dinastia Sung, altera-se também o ideal do chá. E essa mutação fundamenta-se em razões profundas. O que o período T'ang deixou de herança à época Sung, que o sucedeu, para que frutificasse esse novo crescimento e desenvolvimento? É desse ponto que deve partir nossa investigação. Foram os vários e significativos ensinamentos, seus valores similares e pontos de vista coincidentes que formaram a base para o desenvolvimento do clima filosófico e intelectual da nova era. Para começar, havia o confucionismo, com seus pés bem plantados no chão firme da realidade. Para ele se inclina o lado prático e positivo da mentalidade chinesa. A fase emocional do chinês, com sua tendência para a mística, é absorvida pelo taoismo, que abriu todas as possibilidades de desenvolvimento desse setor. O budismo, que chegaria à China em épocas remotas, foi também atuante e seus representantes souberam então como aproximar o mundo do pensamento indiano, de tradição tão diversa, daquilo que os homens do Império do Meio precisavam.

 A mudança na atitude espiritual refletiu-se em todas as esferas da vida. E, se o modo de tomar chá na época T'ang era ainda mais ou menos simbólico, uma forma particular de bebê-lo torna-se agora um ato sagrado. Segundo Kakuzō Okakura*, converte-se num Caminho de autorrealização. Os devotos da escola zen do sul contribuíram para esse desenvolvimento, tendo eles próprios realizado uma Cerimônia do Chá cuja execução seguia um rígido ritual de procedimentos.

Os monges bebiam o chá numa taça coletiva, diante do quadro de Bodhidharma (Ta-mo, em chinês), que chegou à China por volta de 520 ou 527, sendo o primeiro patriarca zen desse país. Essa tradição, como tantos outros legados culturais da época Sung caídos no esquecimento sob o jugo mongol dos Yuan, só foi preservada no Japão. Esse ritual de tomar o chá converteu-se, no Japão, no protótipo da Cerimônia do Chá, como a que encontramos mais tarde na época Ashikaga (1336-1573).

A dinastia Sung passou um difícil tempo tentando manter a estabilidade do Estado. Mas, mesmo assim, e apesar da confusão das guerras, desordens e revoltas, floresceram durante esse período realizações culturais em quase todas as esferas. Numerosos estudiosos participaram desse desenvolvimento, assim como eminentes filósofos, historiadores, poetas e pintores, religiosos, monges e, também, vários artesãos e artistas anônimos.

Nas épocas que se sucederam, a forma requintada de tomar chá caiu no esquecimento, assim como os tipos especiais de chás. Durante o período Ming (1368-1661), as folhas de chá eram escaldadas com água quente, sendo

---

* Kakuzō Okakura, *Das Buch von Tee* [O livro do chá], tradução de Horst Hammitzsch, Wiesbaden, 1951, p. 20.

assim consumida a infusão. Esse foi o chá na sua forma *sencha* (*chien-ch'a*, em chinês), ou na forma *hacha* (Chin, yeb-ch'a), tão apreciado no Japão na época Edo. A Europa conheceu o chá nessa forma, pois as embarcações da Companhia Holandesa das Índias Orientais só começaram a levar o chá para a Europa em 1610.

Não é possível precisar a data da introdução do chá no Japão. Entretanto, essa bebida já era consumida na época de Nara, podendo haver apenas uma pequena dúvida se foram os monges os enviados japoneses da época T'ang que a fizeram conhecida e apreciada nos mosteiros e na corte da China, trazendo-a, consequentemente de volta ao Japão, com suas sementes e mudas. Assim, a introdução da bebida começou primeiro nos seminários e nas escolas budistas. A primeira menção do uso do chá nos escritos japoneses ocorreu em 729. Após o rompimento das relações com a China, em 895, e com a formação de uma cultura japonesa independente, a prática e o hábito de tomar chá declinaram rapidamente, sendo conservados apenas nos mosteiros e templos. Durante esse período, a forma e o preparo do chá foram os mesmos da época T'ang.

Foi Eisai (1141-1215), um monge e Mestre zen, quem mais uma vez reavivou o hábito de tomar chá. Durante a dinastia Sung, Eisai esteve duas vezes na China, e enquanto estudava os ensinamentos zen, aprendia com os mestres chineses os mistérios do uso do chá em pó. Além disso, familiarizou-se também com a cultura do próprio arbusto do chá. Após seu retorno ao Japão, efetuou o plantio do chá no Templo Ryōzen, na velha província de Bizen, em Kyushū, onde plantou as sementes que trouxera consigo. Mais tarde ele transplantou as novas mudas desse arbusto para o templo Shōfuku, em Harata. Seus conhecimentos a respeito do chá, adquiridos na China, junto aos monges zen chineses, ele os descreveu numa obra de dois volumes, intitulada *Kissa yōjōki* (1211). Nesse livro, ele explica os benefícios do hábito de tomar chá, e familiariza o leitor com o cultivo da planta do chá e com o preparo do seu pó. Quando Sanemoto (1204-1219), o último *shōgun* da casa de Minamoto, caiu doente, Eisai lhe enviou uma tigela de chá juntamente com a sua obra *Kissayōjōki*. Sanemoto se recuperou e, assim, aprofunda-se no estudo desse livro, começando a valorizar esse modo de tomar chá. Essa foi a origem da reputação das propriedades regeneradoras e da força curativa do chá, assim como Eisai as descreve em seu livro: "Preservador da vida, o chá é uma bebida verdadeiramente terapêutica, um remédio secreto para prolongar a vida".

Eisai enviara sementes de chá a seu discípulo Myōe (1173-1232), famoso monge da escola Kegon, que estudara com ele o Zen e os Ensinamentos do Chá. Myōe plantou-as em caráter experimental nas vizinhanças do seu templo em Toganoo, situado a noroeste de Kyōto, então a capital. Graças à boa qualidade da terra, houve uma colheita de primeira ordem. Nas competições de chá posteriores, essa variedade foi denominada *honcha* ou *moto no cha*, o verdadeiro chá original, ao contrário das outras variedades, produzidas em outros canteiros de cha, conhecidas como *hicha*.

Foram, portanto, Eisai e Myōe os que mais contribuíram para a divulgação do hábito de tomar chá, mesmo que, inicialmente, ainda no contexto da vida monástica. O chá ajudou a combater a sonolência durante as práticas de meditação, aumentando a concentração dos monges. Como já constatamos, o chá foi ao mesmo tempo considerado um excelente produto medicinal. Porém, era ainda um meio para se atingir um fim.

Quem divulgou o uso do chá entre o povo foi o monge Eison, do templo Saidai, em Nara. Em 1262, ele foi convidado por Hōjō Sanetoki (1224-1275) para ir a Kamakura. No trajeto, percorrendo várias províncias, ofereceu chá aos pobres e aos doentes, como descreve no seu diário de viagem *Kantō-ōenki*. Ele continuou essa mesma prática no templo de Nara, onde o chá que sobrava da oferenda diária diante da estátua do Buda era oferecido aos fiéis e aos monges. Esse costume de oferecer chá foi chamado *secha*. Tal prática popularizou-se com o decorrer do tempo e diversas fontes fazem alusão a ela.

Por volta do início do período Kamakura, o uso do chá em pó foi cada vez mais difundido nos templos e mosteiros, através da influência dos monges zen. A bebida foi gradualmente introduzida nos círculos mais amplos, por via dos ensinamentos zen. Não só a nobreza e os militares, mas também o povo foi se familiarizando com esse hábito, através de sua associação com as cerimônias religiosas. Entretanto, o que de fato propiciou-lhe uma vigorosa propagação foi a introdução das competições de chá, tão populares na China durante a época Sung. Essas competições de chá — *tōcha* ou *tou-ch'a*, em chinês — floresceram de modo extraordinário no Japão da metade de século XIV até o final do século XVI. Elas satisfaziam a propensão japonesa à sociabilidade gregária e encaixavam-se maravilhosamente nas competições sociais conhecidas como *monoawase*.

Enquanto o ponto central anteriormente focalizado eram poemas, flores, insetos, ervas, conchas e outros assuntos, agora, o cerne era o chá. Uma variedade de chás, geralmente de quatro espécies, era oferecida aos convidados, e estes deviam distinguir quais os do tipo *honcha* (o chá produzido em Toganoo e, mais tarde, em Uji) e quais os do tipo *hicha* (os cultivados em outros jardins). Encontraremos crônicas sobre essas competições de chá num livro intitulado *Kissaōrai*, atribuído ao monge Gen'e. Narra o autor que tais competições ocorriam por volta do sexto mês. Os convidados reuniam-se primeiro no pavilhão de chá do andar térreo, onde se serviam de refrescos. Depois de cumprimentá-los, o anfitrião ou o organizador conduzia-os ao andar de cima, à sala de chá, onde ocorria a degustação dos diversos tipos de chá. Cercada por uma varanda, dessa sala descortinava-se uma vista ampla para todos os pontos cardeais. Os melhores exemplos dessas casas de chá são o Pavilhão Dourado e o Prateado, *Kinkakuji* e *Ginkakuji*, em Kyōto.

Ao entrar na sala de chá, os convidados deparavam-se com uma estátua do Buda suspensa na parede principal e, de ambos os lados, outros quadros pintados por artistas famosos ilustravam os ensinamentos do Buda. Ou, então, havia um quadro do sagrado Kwannon (Avalokitesvara). Da mesa em frente ao quadro pendia uma peça de brocado dourado encimada por um jarro de flores de bronze chinês. Tigelas contendo incenso e urnas para chá estariam por todos os lugares. Frutas exóticas eram dispostas sobre bandejas ornamentais no lado oeste da sala e, ao norte, eram expostos os prêmios a serem repartidos. Atrás desse lugar, uma chaleira com água já quase fervendo. Os convidados acomodavam-se em seus assentos recobertos com pele de leopardo. As portas corrediças que ornavam a sala eram decoradas com as mais diversas pinturas chinesas.

Quando todos estavam reunidos, o filho do anfitrião oferecia frutas aos hóspedes, em rigorosa ordem de precedência. Logo após era servido o chá e, então, começava a verdadeira competição. Os participantes ganhavam pontos de acordo com o seu julgamento, e os prêmios eram distribuídos segundo o número de pontos. Quando a degustação do chá terminava, os utensílios utilizados eram guardados e, então, começava um alegre banquete com pratos requintados de peixe, regados a vinho de arroz.

Mesmo não tendo ainda nada a ver com o Caminho do Chá, essas competições já abriam espaço para o novo ensinamento. Já continham algo do formal ponto de vista, que mais tarde retornaria e seria conservado na Cerimônia do Chá. As tendências do paladar, até então notadamente chinesas, transformam-se, e a influência japonesa começa a se fazer sentir na sala de chá e se desenvolve para além do pavilhão do chá. No decorrer dos anos, as imagens do Buda e as representações de sábios budistas são substituídas por paisagens, por quadros de flores e de animais. A degustação em si é cada vez mais relegada a um segundo plano, e a reunião social vai se tornando o elemento principal.

Mais tarde essas reuniões de chá foram denominadas *unkyaku-chakai*, em tais ocasiões bebia-se o chá de qualidade inferior e tomava-se um banho em grupo. Na sala de banho havia pequenos biombos decorados, jarros, flores e recipientes de incenso, e até na própria sala do chá, nas paredes que davam para o oeste e para o leste, pendiam dois rolos com caligrafias, complementados por arranjos de flores artísticos e biombos. Depois do banho, tomava--se o chá, que era de dois tipos, um deles sendo o chá Uji. Quanto às frutas, havia melões brancos e pêssegos das montanhas, acompanhados do talharim feito de trigo mouro. Não há, aqui, traços de uma rica ostentação das pomposas competições de chá da capital. As decorações pictóricas e as flores são escolhidas de acordo com o gosto pessoal, e já não são mais utilizados os raros utensílios do chá. É um outro ânimo que rege essas reuniões.

A designação de *chanoyu* para as reuniões do chá remonta a uma época anterior à atuação do Grande Mestre do Chá. Mas se alguém usar o termo *chanoyu* como "Cerimônia do Chá", essa tradução justifica-se somente se observadas certas regras fixas que conferem à ocasião um caráter cerimonioso. Naturalmente, as competições de chá também seguiam certas regras, porém estas não eram, de forma alguma, imutáveis. Nessas ocasiões, o anfitrião podia seguir seu próprio gosto — mantendo, porém, as linhas gerais constantes. Foi só através da classe guerreira, cuja vida era regida por um código severo, que a Cerimônia do Chá adquiriu sua estrutura de regras mais rígidas. O clã guerreiro Ogasawara, da província de Shinano, foi o primeiro a voltar a sua atenção para o problema da elaboração de um código de etiqueta relativo à sua classe e, a pedido do *shōgun* Ashikaga Yoshimitsu (1367-1395), publicaram os doze volumes do *Sangi-ittō-sōshi*. Foi Ogasawara Nagahide quem concluiu essa obra, junto com Imagawa Ujiyori e Ise Mitsutada, baseando seu trabalho nos estudos preliminares realizados por seu avô Ogasawara Sadamune, cuja formulação fora, em grande parte, influenciada pelo trabalho do monge Dōgen e por suas regras de um estilo de vida simples e severo do cotidiano, prescrito pelo Zen. Essas regras de etiqueta do código de um guerreiro envolviam todos os aspectos da vida e, entre eles, as regras para se beber o chá ocupavam posição de relevância. É preciso afirmar que, com o decorrer do tempo, esses costumes foram se afastando pouco a pouco dos usados nos mosteiros zen, adquirindo finalmente formas próprias.

Houve um Mestre que deixou uma influência particularmente duradoura na formulação das regras para as reuniões do chá; ele teve o privilégio de atuar como conselheiro e guia em tudo o que concerne ao gosto artístico e foi altamente considerado na casa dos *shōguns*. Esse Mestre foi Nōami (1397-1471). Gozava de boa reputação não só como Mestre de Chá de seu tempo mas também distinguia-se como pintor de quadros a nanquim, como Mestre do verso encadeado *renga* e como Mestre da tradicional arte de arranjos florais. Convidado pelo sexto *shōgun* Ashikaga Yoshinori (1428-1441), em pouco tempo ele se tornou o seu homem de confiança em todas as questões artísticas. Nōami dedicou-se intensamente aos assuntos concernentes ao uso dos utensílios do chá, que a esse tempo ganhavam um outro significado, resultante de uma mudança na arquitetura. Enquanto as reuniões de chá anteriores eram realizadas no *tōcha*, pavilhões de chá, em sua maioria de dois andares, foram agora transferidas para os próprios aposentos dos guerreiros e dos nobres.

No decorrer da Idade Média, uma nova fachada para as casas foi gradualmente se desenvolvendo, no estilo residencial da corte, a *shindenzukuri*. Tal desenvolvimento foi influenciado pelos monges zen, que mantinham um relacionamento bastante próximo com a classe guerreira.

Nos mosteiros, nas celas dos monges, havia uma recâmara, a Tokonama, com uma imagem do Buda. A seu lado, um outro nicho com estantes, o *chigaidana*, servia para guardar as escrituras budistas, assim como também havia uma espécie de janela-balcão, o *shoin*, onde se podia ler ou trabalhar. Ao lado da sala principal havia um aposento especial, o *genkan*, existente até hoje nas construções de estilo japonês. O novo estilo introduziu a janela-balcão de leitura dos monges zen na arquitetura residencial e, desde então, é conhecido como *shoinzukuri*.

A Cerimônia do Chá foi transferida para essa sala principal, junto com o *shoin*. Essa mudança originou, por outro lado, radicais consequências na forma exterior e nos procedimentos do ritual. Apoiado nos costumes das competições de chá, Nōami criou as bases de um novo estilo de reunião de chá que ficou conhecido como *shoin no chayu*. Referia-se à forma e à maneira de ordenar os vários ornamentos, os quadros e os utensílios de chá, tal como o *shoin-kasari*. Dois ou três rolos de pergaminho contendo quadros interligados por um tema pendiam na recâmara. Diante dessas pinturas, colocavam-se os queimadores de incenso, o vaso de flores e os castiçais. Do lado oposto à janela com o balcão de leitura, havia uma mesa com a pedra própria para a lavagem da aquarela, da tinta e dos pincéis e um recipiente para água. Nas prateleiras havia queimadores de incenso de todo tipo e outros objetos de valor e de bom gosto. O *shoin-kasari* traria à Sala de Chá uma dimensão espiritual de solene beleza.

De especial importância para um completo desenvolvimento da Cerimônia do Chá, entretanto, foi a utilização de uma prateleira conhecida como *daisu*, que está entre os apetrechos suplementares usados na cerimônia. Nessa estante, composta de uma prateleira superior e de outra que lhe serve de base, interligadas por dois ou quatro suportes, eram dispostos os utensílios do chá, numa ordem determinada. Na prateleira inferior, à esquerda, fica o braseiro de carvão, o *furo*, acompanhado de uma chaleira de ferro, *kama*; à direita, o jarro com água fria, *mizusashi*. Entre esses objetos há um recipiente contendo uma concha para tirar a água, *hishaku*, e um par de varas de ferro para atiçar o fogo, *hibashi*. À sua frente havia o *mizukoboshi*, uma tigela onde se derramava a água já usada. Na prateleira superior encontra-se a tigela do chá, *chawan* — contendo muitas vezes a varinha para mexê-lo, *chasen* — a toalha de linho, *chakin* — e a concha de bambu, *chashaku* — assim como a caixa do chá — *cha'ire*.

Além disso, Nōami também instituiu as regras concernentes à etiqueta da sala do chá em si, determinando o correto procedimento de entrada e de manipulação dos utensílios.

Para tanto, ele já não se baseia especificamente nas prescrições das competições de chá, porém no código de etiqueta da classe guerreira, tal como fora anteriormente estabelecido pelos já mencionados documentos da casa de Ogasawara. Até as vestimentas tradicionais, próprias para a Cerimônia do Chá, foram alteradas nesse tempo, podendo ser notada uma transformação do estilo japonês. Todos os participantes usavam, agora, as vestes cerimoniais comuns, mesmo aqueles desprovidos de hierarquia ou de honras especiais. Os integrantes das ordens monásticas usavam os paramentos sacerdotais com uma sobretúnica de meio comprimento, enquanto os nobres usavam uma longa calça branca tipo saia, e a sobretúnica. A respeito de Yoshimasa, comenta-se que ele comparecia à Cerimônia do Chá vestido com o traje cerimonial de caça.

Para concluir, podemos afirmar que foi Nōami, através de seu esforço para estabelecer regras rígidas, quem transformou a Cerimônia do Chá numa forma especial de reunião social, bem diferente das competições do chá. Ao mesmo tempo, ele outorgou a essa cerimônia um significado interior muito mais profundo, que não poderia deixar de exercer considerável influência sobre a classe guerreira, cuja maioria era adepta de sua prática. Nesse processo, foi ele quem deu o passo precursor de um caminho que, anos mais tarde, conduziria ao agora conhecido como o Caminho do Chá, o *chadō*.

No século XVI, as regras para a Cerimônia do Chá tornaram-se ainda mais severas. A atuação dos grandes Mestres do Chá começou a dar frutos. Havia agora um Caminho do Chá que já não se restringia às formas externas da cerimônia, mas que tinha a força de transformar um procedimento externo na expressão de uma atitude interior. Devem ser consideradas aqui apenas as sete regras inscritas nas paredes do Shūnnan, na *shūun'an-hekisho*, redigidas em conjunto por Sen no Rikyū e Nambō Sōkei, que examinaremos mais pormenorizadamente no devido tempo.

Nos anais da história do Japão, a grande Cerimônia do Chá de Kitano (1587), celebrada por Hideyoshi juntamente com Rikyū e Tsuda Sōkyū (falecido em 1591), teve particular notoriedade. Detalhes sobre os convites para essa Cerimônia do Chá, que foram prontamente atendidos por cerca de oitocentos convidados de todos os níveis sociais, são narrados no *sōtan-nikki* de Kamiya Sōtan (1551-1635), assim como no *taikōki* e no *kitano-ōchanoyu no ki*. Por todo o país foram colocados cartazes que explicavam, em sete parágrafos, o propósito dessa reunião de chá:

>Se o tempo assim o permitir, será celebrada uma grande Cerimônia do Chá no bosque Kitano, durante dez dias, a partir do primeiro dia do décimo mês, quando, de acordo com as regras, preciosos utensílios de chá, de todo tipo, serão reunidos e exibidos para privilégio dos amantes do chá.
>
>Todos os amantes da Cerimônia do Chá — não importa se jovens servos, comerciantes ou camponeses, devem trazer consigo uma chaleira, um cântaro, um recipiente para a água, e algo no que beber. Não haverá objeções para quem, não possuindo o pó do chá, substituí-lo pelo pó de cevada.

Como o local escolhido é um pequeno bosque de pinheiros de Kitano, a Cerimônia do Chá será celebrada sobre dois tapetes de junco. Não haverá objeções para aqueles que não os possuírem: que os substituam por tapetes de palha de arroz ou até por tapetes de palha comum. A escolha do lugar onde se sentar será livre.

Este não é um evento puramente japonês. Qualquer pessoa que tenha essa predileção, mesmo um chinês, poderá participar.

A duração desse evento foi estendida até o décimo dia do décimo mês, a fim de que tudo possa ser exibido, até os objetos que vierem das mais longínquas províncias.

Tendo em vista que essa espécie de convite comprova solidariedade para com os indigentes, todo aquele que não comparecer deverá ter em mente que daqui em diante lhe será proibida até a cerimônia celebrada com o pó de cevada, e que também não lhe será permitido participar de nenhuma Cerimônia do Chá organizada por alguém que se ausente nessa ocasião.

Aquele que for particularmente pobre, não importa que distância tenha percorrido, receberá o chá das próprias mãos do príncipe Hideyoshi.

A importância que os círculos regentes atribuíam aos assuntos relativos ao chá pode ser medida por uma série de decretos que criava funcionários especiais para se dedicarem exclusivamente à cultura e ao preparo do chá. Os relatórios de guerra, denominados *bukan*, procedentes da época Tokugawa, fornecem-nos detalhes explícitos a respeito desse costume. Eles narram a existência de chefes de determinados grupos, intendentes do chá, reitores dos jardins de chá e jardineiros, além dos Mestres de Chá praticantes. Tokugawa Ietsuna (1651-1680), o quarto *shōgun* Tokugawa, redigiu, quanto à manutenção da sala de chá, instruções específicas, cuja não observação acarretava sérias penalidades. Essas prescrições foram publicadas em 1659. Tomavam-se precauções especiais para o transporte do chá dos jardins de Uji a Edo, a moderna Tokyo, capital dos *shōguns* Tokugawa. Tudo era regulamentado até nos mínimos detalhes. A urna de chá, lacrada, era tratada como um tesouro de Estado. Várias medidas eram tomadas, inclusive o bloqueio de estradas. Essas determinações severas só foram relaxadas um pouco sob o governo do oitavo *shōgun* Tokugawa, Yoshimune (1716-1745).

Durante o período Tokugawa (1600-1868), o desenvolvimento das cidades e da burguesia trouxe uma renovada superficialidade à Cerimônia do Chá. Em resumo, tornou-se um símbolo pessoal de *status*. Construíram-se as mais belas salas de chá e compraram-se os mais requintados aparelhos de chá; porém, o espírito da Cerimônia do Chá não podia ser comprado com dinheiro.

Entrementes, a transmissão do verdadeiro Caminho do Chá ficou restrita a um pequeno círculo apenas. Para os demais, a Cerimônia do Chá tornou-se um exercício de diletantismo estético, tanto mais gratificante quanto fornecia a oportunidade de superar os outros através dos mais luxuosos aparelhos de chá.

O desenvolvimento político e as tensões financeiras do século XX permitiram, entretanto, um retorno ao Caminho do Chá, que voltou a ser um caminho de auto-recolhimento, uma fonte da qual novas forças podiam ser retiradas, um lugar de refúgio no meio do turbilhão de um mundo material.

O Caminho do Chá e seus Grandes Mestres: Shukō, Jōō e Rikyū

SHUKŌ

O primeiro real criador do Caminho do Chá foi Murata Mokichi Shukō (1423-1502), o fundador da Escola de Nara ou Escola Shukō. Foi o primeiro a quem se concedeu o título honorário de Grande Mestre, *sōshō*. Descendente de uma família burguesa residente na província de Yamato, cedo ingressou na ordem monástica, tornando-se um monge do templo Shōmyō, de Nara. Porém, sua maneira de ser enfureceu os funcionários do mosteiro e Shukō foi expulso do templo. Após longo vagar pelas várias províncias do Japão, chegou finalmente à capital, Kyōto. Lá, no Shinjūan do templo Daitoku, tornou-se um discípulo do Mestre zen Ikkyū Sōjun (1394-1481). Os exercícios zen colocaram Shukō num contato bastante íntimo com a prática de tomar chá.

Em sua biografia, narrada no *Chajidan*, essa aprendizagem está descrita de um modo divertido. Conta-se que, aos trinta anos, Shukō tornou-se monge zen. Durante seus estudos e exercícios de meditação, entretanto, um desagradável cansaço o importunava. Isso o levou a procurar um médico famoso da época e a pedir-lhe um remédio para combater o cansaço. O médico lhe recomendou que tomasse chá. Shukō, então, pegou um pouco do chá das plantações de Toganoo e logo comprovou que o médico lhe dera um ótimo conselho; assim, ele juntou uma coletânea de todas as obras disponíveis a respeito do chá e as estudou minuciosamente. Além disso, reuniu todas as informações existentes em sua época concernentes ao hábito de tomar chá. E, finalmente, com base em suas experiências da prática Zen, desenvolveu suas próprias regras.

Ao completar seus estudos do Zen, seu Mestre, Ikkyū, presenteou-o, não com o "selo" habitual, mas com um texto manuscrito do famoso Mestre zen da época Sung, Yuan-wu K'och'in (1063-1135), para que o guardasse com cuidado. Esse manuscrito, um dos denominados *bokuseki*, é o mais famoso e antigo documento dessa espécie conhecido no mundo do chá. *Bokuseki*, literalmente, "rastros de tinta", ocupa um lugar importante no Zen e nos ensinamentos do chá. São relatórios escritos por Mestres famosos, ora representando documentos "selados"*, ora designando, através do risco de algumas letras, o Caminho que deve conduzir à iluminação, ao *satori*; ou, então,

---

* Tais documentos "selados" (*inkajō*), concedidos aos alunos pelos seus Mestres, equivaliam a uma espécie de diploma, uma constatação de maturidade.

revelam ao discípulo seu novo nome de monge ou de artista. Esses escritos devem transcender as regras da caligrafia, transmitindo o espírito do escritor sem a menor ambiguidade. Entre os Mestres do Chá, esses *bokuseki* eram quase mais valorizados do que as pinturas a nanquim da época Sung.

Shukō emoldurou o manuscrito como a um rolo de pergaminho e o usou para decorar a alcova de sua cela quando nela tomava chá, de acordo com suas próprias regras. No decorrer dessa prática, teve a inspiração de que a lei do Buda constitui parte essencial do Caminho do Chá. É nesse ponto que encontramos a unidade dos ensinamentos zen e dos ensinamentos do chá — aquele *chazen-ichimi*, que resulta tão significativo para todo o Caminho do Chá.

Em seus ensinamentos, Shukō rejeitava toda e qualquer ostentação, toda pompa e luxo. Considerava-os impróprios e muito distantes do verdadeiro Caminho do Chá. Ele temia também que a Cerimônia do Chá chegasse a ser proibida, caso os negociantes das cidades comerciais florescentes — tais como Sakai, que desempenhava um papel cada vez mais importante como porto ou como centro da tecelagem do brocado prateado e dourado, ou como a capital da província de Izumi — se dedicassem a uma Cerimônia do Chá que imitasse a ostentação dos guerreiros e de seu círculo social. Além dos pensamentos zen, a influência de outras artes florescentes na época — a do teatro Nō e a dos poemas encadeados *renga* — contribuiu para a formação definitiva do Caminho do Chá de Shukō. Em sua época, seus ensinamentos tiveram por certo grande repercussão e o número de seus adeptos era considerável. É, portanto, a Shukō que devemos a popularização do Caminho do Chá, até então confinado aos guerreiros e a seu círculo social.

As bases espirituais de sua época foram as melhores possíveis para o desenvolvimento do Caminho do Chá, tal como Shukō se propusera a realizar. Como Mestre do Chá, ele trazia consigo todos os requisitos necessários para tanto. Conhecia os costumes do chá em Nara, a capital do sul e centro da vida cultural da sua província de origem. Por outro lado, familiarizara-se também com as reuniões de chá de brilho e esplendor de Kyōto, a capital e residência da corte, que só davam relevância às exibições externas, sem demonstrar nenhuma interiorização — além de frequentemente servirem para encobrir todo tipo de prazeres. Ao mesmo tempo, o estilo de vida dos guerreiros da capital começava a suscitar a indignação do povo. De vez em quando, apareciam cartazes públicos condenando não só as diversas depravações dos guerreiros, para as quais as classes superiores tinham se voltado, como também as reuniões de chá em si.

Totalmente imbuído do Zen, Shukō reconheceu os perigos que poderiam precipitar o povo no infortúnio e, também, discerniu as possibilidades de banir tais riscos. O Caminho do Chá pareceu-lhe o meio apropriado para educar as pessoas como indivíduos e restaurar nos seus contemporâneos a consciência de si próprios. Ele construiu esses fundamentos com base nas suas experiências zen, em conjunto com outros estudos e conclusões próprias. Seus estudos sobre o confucionismo, as lições dos mestres Nō e os versos de eminentes poetas acrescentaram-lhe muitas inspirações importantes no que toca à forma e ao conteúdo da sua nova doutrina.

Uma carta dirigida a seu discípulo Furuichi Harima (1459-1508), senhor do castelo de Furuichi, na província de Yamata, que mais tarde se tornou monge e, junto com seus seguidores, estava intimamente ligado ao templo Kōfuku em Nara, revela um aspecto particular a respeito das ideias básicas de Shukō.

A pior coisa para aquele que percorre esse Caminho é ter em seu coração arrogância* e vontade própria. Também é inconveniente ter ciúmes de um conhecedor do Caminho, ou desconsiderar um principiante. Aquele que sabe deve ser seguido de perto, e cada uma de suas palavras, ouvida com muita atenção. Deve ajudar o principiante a atingir a maturidade da maneira mais sincera. Ao percorrer esse Caminho é importante apagar as fronteiras que separam o que é japonês daquilo que é chinês; acima de tudo

---

* A repetição da mesma advertência no princípio e no fim da citação de Shukō sublinha a noção intrínseca, no Oriente, de que a humildade é a maior das virtudes. Em todo *O livro das mutações* (*I Ching*), por exemplo, o único hexagrama totalmente favorável é o de nº 15, A Modéstia. (N. T.)

não se deve perder isso de vista. Além do mais, se os iniciantes utilizarem utensílios de chá provenientes dos fornos de Bizen e Shigaraki e lhes derem valor, e mesmo se os outros os desconhecerem, é realmente imperdoável que nesse momento se faça alguma referência ao "encolhimento frio". "Encolhidos" significa possuir aparelhos de chá de boa qualidade, conhecer corretamente suas características e valorizá-las devido a uma reverência interna verdadeira. Assim, eles permanecerão para sempre encantadores no seu "frio encolhimento". Não é permitido, portanto, zombar dos utensílios de chá de outrem, por mera discrepância de gostos. Porém, há um fator importante a se ter em mente — é preciso moldar o próprio gosto, apoiando-se no de um verdadeiro conhecedor.

Os únicos males são a arrogância e a vontade própria. Se, no entanto, o impulso interno (criador) inexiste, é sinal de que se está seguindo um Caminho falso. Desde a mais remota antiguidade há uma palavra a esse respeito: "Torna-te o Mestre dos teus desejos; não permita que os teus desejos se tornem o teu Mestre!".

Nessas poucas palavras, Shukō nos revela o seu pensamento básico, inerente ao seu Caminho do Chá. Há uma advertência a respeito do capricho arbitrário, da avidez, e uma exortação à perseverança e à modéstia interior — que permitirão ao iniciante encontrar finalmente o verdadeiro Caminho. É evidente, portanto, que no decorrer desse processo, o iniciante deverá se confiar a um iniciado, a alguém que já tenha atingido a maturidade nesse Caminho, a um Mestre.

Shukō ressalta a importância de derrubar as barreiras de distinção entre chineses e japoneses. Nas Cerimônias do Chá de outrora, o elemento chinês era muito acentuado e ocupava o ponto central. Entretanto, pouco a pouco, foi nascendo a moda de produtos japoneses, procedentes dos fornos de Bizen e Shigaraki. É natural que se quisesse saber se eles também deviam ser utilizados no contexto da Cerimônia do Chá. Shukō afirmava ser a favor do seu uso, mesmo quando os cântaros de origem japoneses não fossem tão bons, em comparação à requintada elegância dos produtos chineses. O auge da cerâmica japonesa só foi alcançado no final do século XVI e no decorrer do século XVII, através dos esforços dos próprios Mestres do Chá.

Qual era a diferença básica entre os aparelhos de chá chineses e japoneses? A estes últimos faltava o requinte da louça chinesa. Eles realçavam uma rusticidade encantadora, acentuada pelos pedregulhos que salpicavam o barro utilizado na sua confecção. Além disso, muitas peças chegavam ao mercado com toda a superfície sem esmalte. Mas são estas, justamente, as particularidades que conferem à manipulação dessa cerâmica um carisma tão especial. Sua rusticidade era o que encantava, contrastando com a delicadeza das peças chinesas. Shukō tornou-se, então, o pioneiro dessa reeducação de gostos; foi bastante difícil levá-la a cabo.

Contudo, foi justamente o fascínio do contraste que ingressou na sala de chá, a partir de Shukō. Outras artes japonesas já começavam a trilhar o Caminho que conduz, através da beleza do sublime, à beleza da simplicidade — a uma beleza que não se impõe a quem a contempla, mas que atrai o olhar e, sobretudo, cativa o coração.* E, assim, um novo ideal exerce o seu fascínio entre os adeptos do Caminho do Chá: o não sonoro, a beleza solene, a perfeita imperfeição, o "frio encolhimento".

E só após uma longa prática poderá o artista alcançar esse ideal. Ele surge somente a partir das experiências pessoais; é sinal de uma maturidade própria, que já escapa à influência dos arbítrios pessoais; é desprovido de quaisquer desejos. O artista precisa se libertar do "exterior" que significa apenas a forma; ele deve preocupar o "interior", a derradeira profundidade, a única capaz de dar um sentido à forma. Porém ele só poderá alcançar esse ideal quando seu coração já não estiver apegado às coisas, *mushin*. E quando ele, finalmente, atinge esse ideal, quando uma súbita iluminação permite que ele compreenda a verdadeira beleza, ele não vê mais, mesmo no "frio encolhimento", o processo de fenecimento e de morte como

---

* No Extremo Oriente, o ponto central de qualquer obra de arte não é o seu valor em si; o importante é encantar o coração daquele que observa, ressoar na sua essência. Talvez por isso as obras de arte orientais raramente são assinadas: aquele que as sente vibrar em seu coração é tão artista quanto quem as criou. (N. T.)

um declínio de forças, mas o vivencia como uma espécie de maturidade que representa, de fato, o mais lindo florescer. E, agora, quando para ele o mundo e seu efêmero fluir não significam mais nada, quando uma tranquilidade serena, porém viva, o envolve, ele vivencia uma beleza semelhante à pátina dos objetos antigos e venerados. Então, começam a atuar dois outros conceitos — o *sabi* e o *wabi* — ambos aplicados, num sentido muito especial, ao Caminho do Chá.

É difícil definir esses dois conceitos de modo inequívoco, já que só podem ser percebidos no seu sentido mais profundo, através do sentimento. A seguinte frase de Shukō encerra tanto o *wabi* como o *sabi*: "Amarrar um puro-sangue de corrida diante de uma cabana de teto de palha é prova de bom gosto". A imagem de uma simples cabana, possivelmente solitária e inserida numa paisagem de inverno, sugere o conceito de *wabi*. E, diante dessa cabana simples e solitária, um nobre cavalo amarrado; este é o *sabi*. Esse ideal estético não abrange apenas uma beleza simples, porém deve ser uma beleza que envolve o sentimento do *wabi* — uma beleza escura, sem brilhos, porém realizada: a beleza da maturidade.

O que caracteriza o *sabi* é a ausência da beleza óbvia; é a beleza do incolor em contraste com a beleza resplandecente; é a beleza do transitório contrastando com a beleza do exuberante; é a beleza enrugada, porém sábia, da idade, diante da beleza cheia de forças, mas imatura, da juventude.* O conceito *sabi* abrange, portanto, não só o "idoso", no sentido de maturação, de experiência e de discernimento, como é imbuído da pátina que reveste as coisas antigas na sua beleza; e sugere, também, tornar-se sereno, estar só, a solidão profunda.

Uma nova atitude em relação à vida se expressa ao designarem como mestres do *wabi*, ou amantes do *wabi*, "aqueles que não possuem peças [significativas], mas que completaram as três etapas, ou seja, a disponibilidade do coração, a capacidade criativa e as realizações apresentadas". Tomando isso, juntamente com um pronunciamento de *Yamanoe no Sōji ki*, poderemos compreender o objetivo último do ideal, nessa questão: "se um homem, ao se tornar um grande Mestre da Cerimônia do Chá, possuir apenas um tipo de utensílio de chá, ele estará próximo à perfeição do *wabi*". Aqui, então, mais uma vez, o ponto de partida, que leva à atitude correta, provém do coração.

Se tomarmos a expressão "apenas um tipo de utensílio de chá", podemos detectar a forma original manifesta da imperfeição, na Cerimônia do Chá. E o imperfeito, o incompleto, é também considerado central no Caminho do Chá como um todo. Porém, o *wabi* abrange outros conceitos. Envolve o reconhecimento das fronteiras da vontade

---

* Os versos iniciais do maravilhoso "Elogio à Sombra", de Jorge Luis Borges, transmitem a mesma mensagem deste mais lindo florescer do murchar e do morrer:
"*La vejez... puede ser el tiempo de nuestra dicha.*
El animal ha muerto o casi muerto.
Quedan el hombre y su alma." (N. T.)

humana diante do Todo, compreende o respeito aos outros homens, pois são seus próximos entre todos os seres vivos, e inclui a modéstia de si e o nada querer para si.

Certa vez, numa carta a seu aluno Furuishi Harima, Shukō citou as seguintes regras como importantes bases de conduta:

> A conduta deve ser natural, sem chamar a atenção.
> As flores devem combinar com a sala de um modo fácil e agradável.
> O incenso não deve ser queimado de modo muito rígido.
> Os utensílios do chá devem refletir a maturidade ou a juventude dos convidados.
> Os adornos da sala do chá devem ser escolhidos de modo a tranquilizar o coração do anfitrião e de seus hóspedes, e de modo nenhum desviar seus pensamentos. Isso é de primordial importância. Devem penetrar no mais íntimo do coração sem nenhuma interferência cia exterior.

Por que queres espraiar
o teu perfume logo aqui,
ó crisântemo,
onde o palavrear dos homens
tanto enteia este mundo?

Shukō*

---

* Todos os poemas citados no decorrer do livro são os famosos *haiku*, forma poética japonesa, com número de sílabas e ritmo determinados.

Essas palavras exprimem o espírito do Caminho do Chá e, ao mesmo tempo, permitem que se reconheça uma regra básica, válida para todos os adeptos do chá: "natural, sem chamar a atenção". Nada de extraordinário deverá perturbar o silêncio da Sala do Chá, ou preocupar o coração dos convidados. Nisso está aquela ligação oculta que existe de homem a homem. O anfitrião expõe toda a sua personalidade — e se revela justamente através do seu anseio de passar despercebido. Quando seu coração já não está apegado às coisas, sua essência criativa se manifesta da maneira mais elevada e vai tão longe que envolve os seus convidados no seu proceder. Sua criatividade se expressa no mundo das formas, porém as transcende amplamente e — quando sua natureza é sincera — comove o coração dos convidados. O Caminho das formas é também o que aproxima o hóspede do seu anfitrião. Anfitrião e convidados — ao seguirem o mesmo Caminho — se encontram.

Desse ponto em diante, as reuniões do chá não exprimem mais a linguagem de uma determinada classe social e sim a de qualquer homem, seja ele nobre ou rude, rico ou pobre. É preciso apenas que ele abra o seu coração ao Caminho.* Aqui, ergue-se um templo de experiências comuns, *ichiza-kenritsu*, onde os que professam o mesmo

---
Devem exprimir, na mais absoluta síntese, a imagem vislumbrada pelo poeta. (N. T.)

* É o coração (*kokoro* — consultar nota à p. 28) que sempre e acima de tudo deve ser consultado. No Oriente, a mente é relegada a um segundo plano. O que conta é o sentimento intrínseco do homem, essência do seu ser.

credo, discípulos *de um* único Caminho, que buscam a harmonia interior, serena e afastada do mundo, se encontram no mesmo Caminho. Esses são os alicerces básicos do *kei-wa-sei-jaku*, que mais tarde se tornam, em grande medida, *a* linha condutora do Caminho do Chá. Só a unidade de reverência, de harmonia, de pureza e de serenidade confere ao Caminho do Chá o seu derradeiro desenrolar.

Shukō e a grama de bambu

Shukō demonstrou claramente, através de um exemplo, que nos nichos não devem ser expostas apenas flores magníficas, de acordo com o gosto mundano; ele colheu a singela grama do bambu e, colocando-a num vaso, enfeitou a alcova da sua Sala de Chá.

Sōchō e seu jardim de colza

Sōchō adorava jardins silvestres. Ele devastou inteiramente o seu próprio jardim bem traçado e semeou colza em toda a sua extensão. Depois debastou as mudas novas. Quando ele se recolhia em meditação em sua pequena morada, pendurava no recanto do nicho, em vez de um quadro, o seu chapéu — companheiro de viagens de longa data. Uma cena realmente comovente.

A intelectualização e o racionalismo exacerbados do Ocidente foram, talvez, o principal motivo da sua crescente materialização. (N. T.)

O Professor-de-uma-Única-Senha
e o florescer da ameixeira

Na antiga China, sob certa dinastia, viveu um poeta. Um dia ele escreveu o seguinte:

> Diante do bosque ontem à noite, entre a neve profunda, alguns galhos de ameixeira abriram-se em flor.

Ele recitou esse poema para um amigo. A expressão "alguns galhos de ameixeira" pareceu ao amigo demasiado fraca e, então, ele a alterou para "um galho de ameixeira". Daí em diante ficou conhecido como "O Professor-de-Uma-Única-Senha".

Os Mestres gostavam muito de utilizar essas histórias para ilustrar seus ensinamentos pois, com frequência, os exemplos concretos eram mais demonstrativos do que as palavras dos diversos textos. A respeito dessa história, transmitida em quase todas as escolas, Shukō afirma tratar-se de uma principal linha guia no seu Caminho, e aquele que não compreender o seu sentido dificilmente encontrará a entrada para o Caminho do Chá.

Shukō havia conferido uma nova forma e um novo colorido à vida do mundo do chá. Ele transferiu a Cerimônia do Chá dos aposentos amplos das construções *shoin* aos estreitos casebres, cuja dimensão era de quatro tatamis e meio, ao espaço limitado da Sala de Chá. Aos "utensílios ostentosos" de origem chinesa opôs o "simples e fresco". O *daisu* de laca preta foi substituído por um de madeira branca e pura, com simples suportes de bambu. E, ao usar cântaros de chá chineses, ele valorizava as peças reveladoras do estilo *wabi* — e, portanto, também do *sabi* — mesmo quando o material utilizado e a elaboração em si eram de qualidade inferior. Ele recusava as colheres de chá de prata ou marfim, preferindo as de bambu. Até os arranjos de flores eram simples e agradáveis. Desse modo, seus esforços contribuíram para desenvolver um Caminho do Chá que pouco a pouco se libertava do gosto determinante chinês, e encontrava uma forma japonesa própria. E, assim, esse Caminho logrou libertar-se do seu estreito vínculo com as classes guerreiras, tornando-se acessível ao povo na sua totalidade.

JŌŌ

O segundo Grande Mestre do Caminho do Chá foi Takana Jōō (1502-1555). Sua família era originária da província de Wakasa. Seu avô morreu numa batalha, durante as guerras civis e os distúrbios do período Onin (1467--1477). Seu pai estabeleceu-se, então, como comerciante de couros na cidade de Sakai, e logo fez fortuna. Jōō nasceu no seio dessa família, nessas circunstâncias. Cresceu, portanto, num meio muito diferente do de Shukō. Seu pai o educou segundo a velha tradição familiar. Estudou a arte da poesia em Kyōto, com Sanjō Nishi Sanetaka. Nesse aprendizado teve a oportunidade de ouvir uma exposição do *Eigataigai*, proferida pelo seu professor, sobre os escritos poéticos de Fujiwara Teika (1162-1242), fonte de inspiração de várias formulações do seu Caminho do Chá.

No nono mês do ano de 1530, o título honorário de "Governador de Inaba, na quinta Linha Abaixo da Corte", foi-lhe conferido por sugestão de seu professor. Ao mesmo tempo, Jōō estudava os versos intercalados. Porém, seu interesse principal voltou-se logo para a Cerimônia do Chá. Estudou-a sob a orientação de Fujita Sō⁻ri, Jūshiya Sōgo e Sōchin, discípulos de Shukō, mas, em pouco tempo, ele preenchia esse interesse com ideias próprias. Os ensinamentos de Jōō, consequentemente, conferiram uma nova face ao Caminho do Chá.

Jōō tomou o hábito aos 31 anos; em primeiro lugar instalou-se em Sakai e, depois, mudou-se para a capital, Kyōto. Aí construiu a sua própria Sala de Chá. A peculiaridade da sua Sala de Chá era um janelão redondo, que circundava o nicho, adornado por um quadro. O tamanho da sala era de três tatamis e meio. Seu aparelho de chá limitava-se a sessenta peças selecionadas, todas elas contendo *wabi* e *sabi* — pois Jōō gozava de extraordinária reputação como um conhecedor profundo — e seus utensílios eram considerados "as extraordinárias peças de Jōō".

Qualquer peça por demais "ruidosa"* deve ser rejeitada. Na Sala de Chá tudo deve estar em harmonia: peça com peça, as peças com as flores, as peças com as pes-

---
* No sentido de "espalhafatosa", que chama a atenção. (N. T.)

soas. Os participantes da Cerimônia devem se dedicar, com máximo esforço, no sentido da mais completa sinceridade, para que surja, então, espontaneamente, uma "solitude festiva".* Porém, ela só poderá brotar, se vier de um coração já liberto das coisas mundanas. O verdadeiro Caminho é atingido por meio de uma incansável prática, que vai formando então uma pessoa do chá, "um espelho da humanidade". Deve-se reconhecer aqui a grande ênfase dada à aplicação prática do Caminho do Chá.

Jōō usava a expressão *shiorashiku kirei* com bastante frequência. Inserida no termo *shiorashiku,* encontramos a palavra *shioru,* que tem o sentido de "murchar, perder o viço e a frescura, despencar", e devemos considerá-la em relação com o que já foi apresentado por Shukō. A expressão *shiorashiku kirei* traduz uma beleza suave, que não se impõe, semelhante à dos "botões da cerca viva abrindo-se ao orvalho da manhã", cantada num poema. Aqui também há uma penetração secreta dos pensamentos da arte Nō,** assim como da poesia. Essa é a beleza suave, discreta, porém de grande repercussão, de que nos falam os muitos poemas de *Shinkokinshū* (1205); uma beleza que reflete "a verdadeira pureza do coração".

---

* O termo *feierliche* em alemão, nesse contexto evoca mais a festa do que a reverência ou a solenidade, pois em todo o Oriente o conceito de solidão e de serenidade está intimamente interligado à alegria: a verdadeira alegria só pode ser decorrente de uma profunda serenidade. (N. T.)

** Nō é o mais requintado teatro japonês, regido por absoluta simplicidade e delicadeza. Até o movimento dos atores é, por vezes, quase imperceptível. (N. T.)

Jōō sempre soube dar uma forma prática a essa beleza, requerida por esse ideal, e à atmosfera que dele emana. Conta-se que num dia frio de inverno, coberto de neve, ele colocou no nicho da sua Sala de Chá, em vez de flores, apenas um cântaro com água clara. Essa foi a sua maneira de sublinhar a beleza pura da neve, que já encerra em si o passado.

"Os poetas de antigamente usaram a palavra *wabi* em vários de seus poemas; porém hoje esse termo significa o exercício de um autocontrole severo, sincero, e de um viver em humildade." Essa afirmação está num comunicado do *Kokinchasetsu shū*, dirigido a seu aluno Rikyū. "Manter um autocontrole severo", *tsutsushimi-fukaku*, entretanto encerra ao mesmo tempo o segundo significado de um tipo de relacionamento com o próximo — a "aproximação mútua e respeitosa". "A conduta do anfitrião deve transmitir ao convidado um verdadeiro respeito, procedente do seu coração", e "mesmo numa Cerimônia do Chá comum, quando o convidado segue o Caminho do jardim até o final, ele deve se aproximar de quem o recebe com respeito, como se esse fosse o seu único encontro." Tal como as regras estabelecem no *Yamanoe no Sōji ki*.

Esses pensamentos fazem alusão às palavras a respeito das "flores que são uma avaliação da estação", pois os homens também não podem transgredir sua "estação" e ninguém sabe quando a própria estação termina. "Uma Cerimônia do Chá que não atinge o coração do convidado é imperdoável"* — afirma Jōō, em outra ocasião, pois "não conduz ao verdadeiro Caminho".

Dois Mestres sobressaem entre os herdeiros da tradição de Shukō: Insetsu e Jōō. Katagiri Sekishu, um Mestre do Chá posterior, oferece a seguinte orientação para suas atitudes espirituais básicas.

As ideias fundamentais dos três Mestres estão expostas nos seguintes poemas:

> *Para onde quer que eu olhe*
> *não há sequer flores,*
> *nem a folhagem outonal colorida —*
> *um pequeno casebre de palha na enseada,*
> *ao entardecer do outono.*
>
> Sнuкō

Esse poema encerra um profundo sentido. Sublinha o estilo "silêncio e serenidade", *sabitaru tai*. Era o estilo favorito de Rikyū.

> *Oh solidão!*
> *não permites sequer vislumbrar*
> *a cor dos cedros*
> *na montanha de cedros,*
> *ao entardecer do outono.*
>
> Insetsu

---

* Consultar as notas das páginas 28 e 64 a respeito do "coração". (N. T.)

Este poema mostra, na sua forma mais pura, o estilo conhecido como "descolorido", *mushokutai*. [Furuta] Oribe gostava desse estilo; Insetsu inventou-o.

A umidade da chuva
ainda não se dissipou.
Das agulhas dos cedros
sobe a neblina, fina como um véu,
na meia-luz do outono.

Jōō

Este poema é um exemplo do estilo da "serenidade purificada", *sawayaka naru tai*. O fundador desse estilo tão querido de [Sen] Dōan foi Jōō. Nele jaz a essência que fundamenta a Cerimônia do Chá.

RIKYŪ

Sen Sōeki Rikyū, cujo verdadeiro nome era Tanaka, nasceu em Sakai, onde seu pai era comerciante de peixes. Seu avô, Tanaka Doētsu Sen'ami, era um dos favoritos do Shōgun Yoshimasa. Rikyū inspirou-se no ideograma *Sen* para formar o seu nome e assim passou a se chamar daí em diante, dando o mesmo nome à sua casa. Rikyū entrou em contato com o Caminho do Chá durante sua infância, através de seu pai, iniciando seus estudos com um Mestre da escola Higashiyama. Kitamuki Dōchin, seu Mestre, foi quem recomendou esse aluno de extraordinário talento a Jōō. Rikyū familiarizou-se, portanto, com as duas escolas — a de Higashiyama, tradicional da capital, e a representada por Jōō, a escola de Nara ou a dos severos ensinamentos de Shukō. Seu professor de Zen foi o monge Shōre Shūkin do templo Daitoku; dele adquiriu seu nome zen, Soēki.

Rikyū respeitava e estimava profundamente o Grande Mestre Shukō e adquiriu várias peças de chá que outrora lhe haviam pertencido. Depois de completar seus estudos, fixou residência em Sakai e manteve estreito contato com os Mestres Imai Sōkyū e Tsuda Sōkyū. Juntamente com esses dois Mestres, foi convocado a comparecer à corte de Nobunaga. Mais tarde, esteve a serviço, na mesma função, do sucessor de Nobunaga, Toyotomi Hideyoshi, que o cobriu de honras. Durante o reinado de Hideyoshi, ele cooperou com Sōkyū, na Grande Cerimônia do Chá de Kitano. O prestígio de Rikyū também era grande; na casa do imperador, porém, ele recusou a oferta de uma posição na corte, aceitando apenas o título honorário de *Koji*, oferecido por Tennō. Isso ocorreu em 1585.

No 28º dia do segundo mês de 1591, Rikyū pôs fim à própria vida, cometendo *seppuku*, o suicídio dos cavalheiros, que Hideyoshi lhe havia imposto.

Rikyū foi o grande aperfeiçoador de todas as ideias dos seus dois eminentes antecessores, transmitidas através dos ensinamentos deles. Seguras informações descrevem-no como um homem cujo coração encerrava uma profunda compaixão, como um homem capaz de se emocionar diante da beleza do efêmero, do mesmo modo que sentia uma serenidade desprovida de agitação interna. Trazia a saudade do *wabi* oculta em seu coração, mas não era um monge empobrecido, vivendo como um eremita, afastado do mundo. Rikyū vivia no centro da turbulência da vida e — podemos afirmá-lo sem restrições — dela participava de modo decisivo. Seus rendimentos eram consideráveis: ele recebia de Hideyoshi um salário de 3.000 *koku* de arroz. Mesmo assim, ele continuou sendo um verdadeiro homem do chá.

Hideyoshi e o florescer da trepadeira

Chegara aos ouvidos de Hideyoshi que a trepadeira do jardim de Rikyū abria-se em maravilhosas flores, e que todos elogiavam seu esplendor. Então ele também quis apreciar esse magnífico florescer e informou Rikyū da sua intenção de visitá-lo. Chegou e contemplou o jardim de Rikyū. Mas não havia na trepadeira um único botão florido. Só ao entrar na Sala de Chá foi que descobriu no nicho uma única flor, da mais deslumbrante beleza. Pela manhã Rikyū havia colhido todas as flores do seu jardim, tendo preservado apenas essa única flor.

O cântaro com a flor da ameixeira

Certa vez Hideyoshi chamou o Mestre Rikyū à sua presença. Havia diante dele um cântaro dourado cheio de água. E, ao lado, estava um solitário galho de ameixeira vermelha, em flor. "Faça um arranjo!", ordenou Hideyoshi. Sem vacilar por um segundo sequer, Rikyū ajoelhou-se, pegou o galho com uma mão e, com a outra, arrancou todas as flores, de modo que as pétalas caíssem sobre a superfície da água. As pétalas e os botões, flutuando sobre a água, eram de indescritível beleza. Até Hideyoshi exclamou, com grande admiração: "Queria ver o meu Rikyū com expressão preocupada, mas seu rosto permanece imperturbável!".

Essas duas histórias mostram-nos Rikyū como um verdadeiro homem do chá. Habilmente ele distingue os truques que Hideyoshi lhe reserva, mas também conhece as leis do seu Caminho. E em sua sabedoria, Rikyū supera Hideyoshi de uma forma que fica fora do alcance da sua compreensão. Sobretudo, sua solução para o problema do arranjo das flores da ameixeira num cântaro raso — de acordo com a arte floral, uma tarefa impossível de se realizar sem algum auxílio técnico — comprova sua grande capacidade criativa, demonstra uma perícia que preenche os requisitos do Caminho do Chá, preservando ao mesmo tempo o *sabi* e o *wabi*, e denota a sua completa rejeição ao "morno". Assim deve proceder um homem do chá, pois "no Caminho do Chá não existe a inteligência intelectual, não há nenhum ato indiferente: só a devoção interna é essencial para a criação do natural e do belo. Estas já haviam sido as palavras proferidas pelo eminente Jōō. Permitir que no seio de uma Cerimônia tão afastada do mundo brote algo tênue e discreto, semelhante a uma velha árvore enrugada, inclinada sob a neve, é difícil. É preciso praticar".

Rikyū varre o jardim

Jōō, professor de Rikyū, encarregou-o, certa vez, de varrer o jardim. Mas, na realidade, o jardim já havia sido tão bem varrido, que não se via sequer uma única folha caída no chão. Quando lhe foi confiada a tarefa de varrer um jardim já tão perfeitamente limpo, Rikyū saiu imediatamente e, dirigindo-se a uma árvore, tomou-a com ambas as mãos e a sacudiu levemente. Observou como quatro ou cinco folhas, ondulando devagar e suavemente, caíram no chão, e, assim, ele voltou a entrar na casa. Mestre Jōō contemplou o jardim e elogiou Rikyū com as seguintes palavras: "Isso é o que se chama varrer bem!".

Rikyū e Jōchi

Num anoitecer de inverno, com muita neve, Rikyū vestiu seu casacão de palha e foi fazer uma visita-surpresa a seu amigo Jōchi. Ao percorrer o caminho do jardim, tirou o casaco e o chapéu de abas largas. Entretanto, Jōchi já vinha ao seu encontro, dando-lhe as boas-vindas. De imediato, Rikyū puxou um queimador de incenso de sua manga esquerda, queimador que havia carregado para esquentar o corpo — e, sem proferir palavra, passa-o a Jōchi. Este o pega com a mão esquerda, ao mesmo tempo que tira com a direita o seu próprio queimador de incenso da manga esquerda, entregando-o a Rikyū.

Rikyū e a pedra de piso

O Mestre descansava um dia na casa do filho mais velho, Dōan. Ao percorrer o caminho do jardim, comentou em voz baixa, sorrindo, a um outro convidado: "Uma dessas pedras do piso está um pouco mais elevada do chão do que as outras. Dōan não deve ter notado". Mas seu filho ouviu esse comentário e admirou a delicada sensibilidade do pai. Num momento em que não era notado, ele ajustou a altura da pedra, tomando muito cuidado para não deixar sinais desse trabalho. Ao terminar a Cerimônia do Chá, Rikyū, que retornava pelo mesmo caminho, parou em cima dessa pedra, dizendo: "Hummm, agora está bem colocada. Dōan deve ter escutado as minhas palavras. Este sim é o que eu chamaria de trabalho rápido!". E ficou muito contente.

Rikyū e o estrado para as espadas

Rikyū já era um homem maduro quando as nuvens da guerra ainda pairavam sobre as cinco províncias do interior. O medo e a inquietude dominavam o coração dos homens. O ambiente só estava relativamente calmo na província de Sakai, onde dia após dia Rikyū podia saborear a Cerimônia do Chá. Porém, nem Rikyū conseguia encontrar a verdadeira paz de espírito na sua Cerimônia do Chá, durante essas épocas tumultuadas, pois seus convidados eram, com frequência, guerreiros famosos que chegavam à sala do chá com as espadas no cinto. Por esse motivo, Rikyū inventou um estrado para as espadas e o prendeu à parede, à entrada da sala do chá. Então, ele cumprimentava os convidados com as seguintes palavras: "Hoje, todos os meus convidados estão próximos de mim, e me perdoarão algumas palavras indelicadas. O mundo passa por um período de intranquilidade e os homens desconfiam uns dos outros. Por isso, instalei um suporte para as espadas, diante da entrada. Se meus convidados não se incomodam, eu lhes peço para deixarem lá as suas espadas, para então poder gozar do Chá."

A enxada de Dōroku

Certa vez, ao visitar Dōroku em Nara, Rikyū o encontrou muito atarefado, trabalhando em sua terra. Eles voltaram do campo juntos e entraram em casa. Na recâmara, Rikyū deparou-se com a enxada que o amigo havia usado para arar a terra, pendurada no nicho. Ainda estava úmida e suja. Rikyū achou de admirável bom gosto expor a ferramenta em tal lugar, um instrumento de valor tão especial para o seu dono.

Violetas gencianas e crisântemos

Rikyū não gostava dessas duas flores. Uma vez cortadas, elas duravam muito e não evocavam a beleza do momento nem a limitação da vida no seu transitório fluir.

O chá de Hariya Sōshun

Num dia de copiosa neve, Rikyū prestava serviços a seu patrono Hideyoshi. A conversa decorria sobre vários temas e, ao final, surgiu a pergunta: quem poderia ter uma chaleira com água fervendo, sobre a escavação do fogo da sala de chá num dia como aquele? Rikyū era da opinião de que seu discípulo Hariya Sōshun certamente teria. Hideyoshi decidiu, então, ir visitá-lo junto com Rikyū, apesar da espessa neve. Sōshun jamais esperou que Hideyoshi o surpreendesse numa noite como aquela, mas não deixou transparecer seu assombro. Seguindo uma inspiração, ofereceu-lhes arroz branco em forma de bolo. A brancura da neve surgindo, luminosa, do fundo escuro da noite, o zumbido suave da chaleira fervendo e o frescor do arroz branco diante de seus olhos — tal impressão de pureza evocou elogios de Hideyoshi, e Rikyū ficou encantado com o talento inventivo de seu aluno.

Essas histórias do chá traçam um vívido perfil de Rikyū. Falam dos seus ideais do chá e comprovam que, para ele, o conteúdo espiritual encerrava muito mais do que a simples forma, ainda que desejasse também que ela fosse respeitada. O importante para ele era a pessoa em si, e não a sua origem ou classe social. Foi Rikyū quem aboliu a entrada especial à sala do chá, o *kininguchi*, reservada às pessoas de alta linhagem, substituindo-a por uma porta de entrada fixa, o *nijiriguchi*, que só permitia a passagem com uma inclinação.*

A origem de numerosas regras do chá ainda hoje utilizadas remonta a Rikyū, como também as artes ligadas ao Caminho do Chá — arranjos florais, cerâmica etc. — comprovando a força da sua influência. Cada gesto efetuado na sala do chá era vivenciado em todas as suas implicações; conteúdo e forma interligados por uma harmonia interna, sem, entretanto, perderem de vista as necessidades práticas da vida.

As sete regras do chá, conhecidas como *Shūun'an-hekisho*, foram compostas por Rikyū juntamente com seu discípulo Nambō Sōkei, e por eles gravadas na parede da cela Shūun, no templo Nanshū, em Sakai, revelando-nos mais uma vez os ensinamentos de sua escola:

> Uma vez chegados à casa de espera, e estando todos os participantes reunidos num mesmo estado de espírito, o anfitrião anuncia sua presença pelo som de um gongo de madeira.
>
> No que concerne à lavagem das mãos, nesse Caminho o relevante é purificar o coração.
>
> O anfitrião deve ir ao encontro de seus convidados com todo o respeito, e conduzi-los à sala de chá. Se o anfitrião for desprovido de compostura e imaginação,

---

* Fosse qual fosse a condição — desde o mais nobre ao mais humilde — do convidado, era forçosamente preciso que se inclinasse modestamente antes de ingressar na sala de chá. (N. T.)

os utensílios próprios às iguarias denotarem mau gosto e a disposição das árvores e pedras do jardim do chá não tiver sido realizada de acordo com sua natureza intrínseca, o convidado deve regressar depressa à casa.

Quando a água, ao ferver, sussurra, como o vento entre os pinheirais e a badalada do gongo ressoa, os convidados entram pela segunda vez na sala de chá. É imperdoável deixar passar o momento correto de observar a água e o fogo.

A conversa não deve girar em torno de mundanidades, nem dentro nem fora da casa de chá. Este é um mandamento que existe desde a antiguidade.

Numa verdadeira reunião, tanto o anfitrião como os convidados não devem proferir belas palavras, nem dar-se grandes ares.

Uma reunião não deve ir além de duas horas duplas. Porém, não há objeções em ultrapassar esse período, sempre que se conversar a respeito dos ensinamentos de Buda ou de questões estéticas.

Os requisitos do *kei-wai-sei-jaku*, que veremos no próximo capítulo, também mencionam essas regras.

Essas exigências foram o requisito último de Rikyū e numerosos poemas do chá sublinham-no enfaticamente.

Peças de chá requintadas,
se disponíveis ou não,
que pouca importância têm!

> O único Caminho verdadeiro
> não necessita dessas coisas.

> O Caminho do jardim!
> Longe do fluir do mundo
> esse Caminho permanece para nós.
> Por que não sacudir logo aqui
> A poeira de nossos corações?

> A essência do Caminho do Chá:
> ferver a água,
> mexer o chá,
> bebê-lo, e nada mais.
> Dever-se-ia sabê-lo.

> Caminho do jardim, sala de chá!
> O convidado acompanhado de seu anfitrião,
> reunidos para o chá:
> suas ações são harmônicas
> e nada se interpõe entre eles.

Numerosos discípulos deram continuidade à tradição do Mestre Rikyū. Entretanto faremos referência, aqui, a um Mestre que ocupou uma posição de especial destaque entre os sucessores de Rikyū. Foi o senhor do castelo de Totomi, Kobori Masakazu, também conhecido por Enshū (1579-1647), fundador do Caminho do Chá da escola Enshū. Ele foi uma das personalidades predominantes de sua época. Além dos mais belos traçados de jardins e de edifícios, o Japão também lhe deve a estimulante influência em quase todas as áreas da vida artística. Ele não foi apenas Mestre do Chá, arquiteto e paisagista; foi, na mesma medida, pintor, poeta e ceramista. Estudou os ensinamentos Zen no templo Daitoku em Kyōto e foi com tal espírito, somado à influência dos ensinamentos confucionistas, que viveu e atuou.

O Caminho do Chá conferiu-lhe também a orientação interior para lidar com o cotidiano. Kobori Masakasu escreveu na sua obra *Kobori Enshū kakisutebumi*: "Não há outro Caminho a não ser o Caminho do Chá. O homem deve esgotar-se em lealdade e em respeito diante de seu soberano e diante de seus pais. Não deve descuidar de seus afazeres domésticos; e, sobretudo, não deve negligenciar o convívio com os velhos amigos. Na primavera, o delicado véu de neblina; no verão, o chamado do cuco desde seu esconderijo de folhagens verdes; no outono, a solidão enfatizada pelo céu escuro do anoitecer, e, no inverno, o brilho luminoso da neve: tudo isso respira a essência da Cerimônia do Chá".

E em outra passagem, ele afirma: "Para aquele que traz em seu coração o Caminho do Chá, não há diferença entre o conhecido e o desconhecido, entre o rico e o pobre"; e, mais adiante: "Quem dedica a esse trajeto um esforço sério, que evite qualquer presunção a respeito de si mesmo, pois de outro modo não poderá avançar".

E, assim, o Caminho do Chá continou a ser cultivado no decorrer dos séculos, enquanto alterações insignificantes mal podiam modificar o grão que Rikyū havia semeado e conferido a esse Caminho. Segundo as palavras do Mestre, a meta do Caminho do Chá era a de educar os homens, elevando-os à sua própria verdade, tanto na sua forma externa como na sua disposição interior, de modo a tornar-se, para cada indivíduo, o "cerimonial do chá da libertação".

O Caminho do Chá
e os Ensinamentos Zen

Estadistas, comandantes, guerreiros, comerciantes e monges têm seguido o Caminho do Chá; muitos tornaram-se Mestres nessa senda. Porém, entre todos os seguidores do Caminho, não importando de que classe social provinham, não encontramos quase nenhum que não tenha passado por uma escola de um mestre zen, num dos templos ou mosteiros. Portanto, é fácil compreender a ligação entre o Chá e o Zen e, mais ainda, quando consideramos que foram de fato os padres e monges que trouxeram o chá para o Japão, justamente, interligado à sua prática religiosa. É evidente, então, que a forma cerimonial de beber o chá tenha sofrido forte influência do ensinamento ao qual estava tão intimamente associada. Nada mais natural do que o Caminho do Chá almejar, uma vez transformado em Caminho no sentido japonês da palavra, os mesmos ideais do seu "país de origem".

O Caminho do Chá também é um caminho que visa a conduzir o homem para fora do seu próprio eu, libertando-o para a grande experiência última da iluminação. E, assim, justifica-se a conhecida máxima a respeito da unidade do Caminho do Chá e da doutrina zen, *chazen-*

-ichimi. Essa ligação íntima está narrada em detalhes na obra póstuma de Sen Sōtan; foi legada à posteridade sob o título *Chazen-dōitsumi* e surgiu, mais tarde, com um outro nome. Um aluno do Mestre de Chá Takuan, de Edo, havia transcrito tal obra e, em 1818, ela apareceu com o título *Zencharoku*.

O Caminho Zen como o cerne ao se tomar o chá

O mestre zen Ikkyū da Flor de Urzes foi quem primeiro quis tornar o Caminho do Zen no âmago do cerimonial de tomar o chá. Foi assim que Shukō, do templo de Shōmyō, de Nara, a capital do sul, tornou-se seu discípulo espiritual. Ele demonstrava uma preferência especial para tudo o que tinha a ver com o chá, e o praticava diariamente. Ao observá-lo, o mestre zen Ikkyū chegou à conclusão de que o Caminho do Chá concordava plenamente com os pontos essenciais do ensinamento budista. Assim surgiu o Caminho do Chá; ao mexer o chá, sua transparência espelha os ideais zen e nos faz refletir, no mais profundo de nossos corações, sobre os ensinamentos de Buda, em benefício de todos os seres vivos. E, assim, no decorrer dos ensinamentos do chá, não há uma única prática que se desvie do Caminho Zen...

Quando um homem descobre em si uma tendência interna que o liga ao Caminho do Chá, e passa a praticá--la com seriedade e vontade, ele já preencheu o objetivo intrínseco do nosso Caminho. Mexer o chá é uma prática zen no seu mais verdadeiro sentido e, ao mesmo tempo, uma prática espiritual que conduz à compreensão clara de nosso próprio ser. No que concerne à essência da doutrina, assim como Sākyamuni a ensinou durante quarenta anos, o único meio válido que poderia levar ao irromper da absoluta iluminação, em benefício de todos os mundos e de todos os seres, é o coração.* Não há possibilidade alguma além desta. Sākyamuni apresentou seus ensinamentos de várias maneiras diferentes, valendo-se de recursos como discursos com temática moral, parábolas e palestras. Os ensinamentos do chá também reconhecem a validade desses recursos, e os transportam para o procedimento da preparação do chá. Eis que, agora, esse procedimento torna-se um método de contemplação e um meio de revelar as profundezas do ser...

Quem desdenha do exercício espiritual do Zen-Chá, cujo desígnio é o de conduzir ao conhecimento da lei da vida, assemelha-se a um cego que se entrega e destrói a si mesmo, ou a um homem que esbofeteia o próprio rosto, visando atingir a cabeça. Os adeptos de nossa escola devem seguir esse único e grande dever ético com toda a reverência, ao ingerirem o verdadeiro chá, que tem o gosto do Zen.

---

* Ver nota à página 72. (N. T.)

A prática da doutrina do chá

A essência do Caminho do Chá não está na seleção das peças de acordo com seu valor, nem na discussão a respeito de sua forma, enquanto o chá está sendo preparado, e sim o mergulho num estado de contemplação que, por si só, permite o manuseio espontâneo e correto dos objetos, e na atitude religiosa que, surgindo do coração, pode atingir a natureza búdica no nosso interior. E a atitude religiosa, de dedicar-se no Caminho do Chá, como um meio de descobrir a base de nosso próprio ser, é incomparável. Os propósitos da meditação consistem em possuir um coração que não esteja apegado às insignificâncias e manusear os objetos do chá com esse enfoque. Mesmo em se tratando apenas de segurar a colher do chá, que o homem entregue seu coração sem reservas a essa colher e que não pense em mais nada; esta é a maneira correta de proceder, do começo ao fim. E quando ele coloca a colher de lado, que o faça com a mesma devoção profunda no seu coração. Essa atitude não se limita apenas à colher de chá — ela é válida, do mesmo modo, para o manuseio de qualquer objeto.

Sobre o verdadeiro sentido dos ensinamentos do chá

O verdadeiro sentido dos ensinamentos do chá é, ao mesmo tempo, o verdadeiro sentido dos ensinamentos zen. Quem descarta o verdadeiro sentido dos ensinamentos zen não encontra sentido algum nos ensinamentos do chá. Quem não é sensível ao gosto do Zen, desconhece o gosto do chá. Por outro lado, concebido no seu uso profano, o sentido dos ensinamentos do chá significa o mero cultivo de um tipo de estética. Confunde-se esse esteticismo cultivado com o verdadeiro sentido dos ensinamentos do chá. O rosto reflete, então, a aparência de uma iluminação afetada, surgem uma arrogância e o desprezo, totalmente infundado, pelos outros; todos falam como se os Mestres do Chá deste mundo nada soubessem a respeito do verdadeiro sentido do chá. Por outro lado, dizem que ninguém pode reduzir o verdadeiro sentido do chá a palavras, nem propagar-lhe a forma externa como se fosse uma doutrina; ao contrário, a pessoa deve limitar-se a se conhecer e a tornar-se iluminada — doutrina que, acredita-se, é uma forma de "transmitir para fora os ensinamentos", quando, de fato, tudo isso resulta numa falsa teoria da iluminação.

A ligação aos ensinamentos zen dificilmente poderia ser acentuada de modo mais forte. O que nos ajuda sobremaneira quanto à interpretação dos quatro conceitos *kei-wa-sei-jaku*, que se referem à reverência, à harmonia, à pureza e à serenidade, delineando assim a essência do Caminho do Chá na sua totalidade — é um texto escrito pelo Mestre do Chá e da Espada, *Takuan Shūkō*, o *Takuan Oshō chatei no ki*, que deve ter surgido de suas conversas com Kabori Enshū, a respeito do chá.

Notas tomadas na sala de chá
pelo venerável Takuan

O ponto de partida do *chanoyu** está no espírito de uma união harmoniosa entre o céu e a terra; tornando-se, assim, um veículo de paz, um meio de preservar a ordem no mundo. Contudo, hoje em dia, as pessoas aproveitam essa oportunidade mais para convidar amigos, para discutir diversos temas, para ter o prazer de comer e de beber, em suma, essa cerimônia está a serviço da boca e do estômago. Além disso, despendem seus esforços na sala de chá, à procura da beleza ostensiva, na busca de peças de raro valor, orgulham-se da elegância do seu próprio modo de preparar a cerimônia, rindo da falta de habilidade dos outros. Mas este não é o sentido original do *chanoyu*.

Que o homem construa uma pequena sala à sombra de uma touceira de bambu, que delineie a passagem do correr das águas e das pedras, que plante gramados e árvores, que apronte o carvão e sobre ele coloque a chaleira, que faça arranjos de flores, que prepare os utensílios para o chá. Pois ao inserir tudo isso no interior dessa única sala — rios, montanhas, a natureza das cascatas e das pedras — usufruímos as paisagens das diversas estações, podemos gozar a neve, a lua e as flores, vivenciamos o florescer e o murchar das plantas e das árvores e, ao cumprimentar

---
* Nome japonês que designa a Cerimônia do Chá ou o Caminho do Chá. (N. T.)

nossos convidados, propiciamos um reino de reverência. Escutamos, atentos, o sussurro da água na chaleira, assoviando como o vento entre os pinheirais, esquecemos as preocupações e as dores do mundo terrestre. E ao deixar fluir da concha que mergulha na água as ondas do rio *Wei*, enxaguamos toda a poeira de nossos corações. Aqui está, na verdade, a morada de um eremita sagrado entre os homens.

"A origem do correto está no respeito e sua verdadeira aplicação, na valorização da harmonia." Há uma palavra de K'ung-tsu que explica a aplicação do correto, tornando-se ao mesmo tempo linha condutora do coração, no *chanoyu*. Para dar um exemplo: mesmo quando um nobre se encontra entre seus semelhantes, trata-os de modo correto e simples, sem ser servil. E, quando sentado entre homens de condição inferior, não deve permitir que falte o respeito, e deve evitar o menosprezo. Há então uma presença no "vazio", algo que atua na harmonia e que não se perde no fluxo — perdura e impõe respeito. É o sorriso de Kāsyapa, a inclinação de cabeça afirmativa de Tseng-Tsu; é o significado da essência oculta da quididade.

Por esse motivo não deve haver nenhum fator perturbador, nem preferência alguma pela beleza exibicionista: desde o traçado da sala de chá até a escolha dos utensílios do chá, incluindo a habilidade no seu preparo, a disposição dos convidados, as roupas e todos os outros detalhes. Que o homem renove o seu coração através de velhas peças de chá, que não se esqueça das paisagens das quatro estações, que não denote nenhum servilismo, nenhum desejo, nenhuma vaidade, e que nunca deixe de mostrar respeito. *Chanoyu* é o nome que se dá ao atuar simples, sincero e correto. Que o homem se alegre então com a harmonia do céu e da terra, que transplante montanhas, riachos, árvores e pedras para sua própria lareira, e que vivencie os cinco elementos no interior do seu próprio Eu. Que retire o ânimo da fonte que brota do céu e da terra e sinta na boca o gosto do vento. Como isso é poderoso! A alegria da harmonia do céu e da terra inserida no seu espírito — este é o Caminho do *chanoyu*.

Aí também se encontra, em primeiro plano, a vivência da unidade cósmica, base dos ensinamentos do budismo Mahayana. Conta-se a seguinte lenda a respeito de Mahā-Kāsyapa: certa vez estava o Buda sentado, em silêncio, entre seus discípulos. Tinha uma flor entre as mãos. Todos os discípulos olhavam para o Mestre, em grande expectativa. Só Kāsyapa sorria, com grande compreensão. Então, o Mestre lhe disse: "Minha é a posse total da verdade, o intangível espírito do Nirvana, que eu lhe concedo". Ninguém pode atingir o conhecimento último se não está disposto a superar o pensamento racional. Essa é a lenda a que Takuan se refere.

Em outros comentários, Takuan volta-se para os conceitos de reverência, de harmonia, de pureza e de serenidade. Esses quatro conceitos desempenham um papel importante no Caminho do Chá. Rikyū enfatiza-os ainda mais. Originam-se no Zen. Eram as regras básicas da severa disciplina dos mosteiros zen, como bem comprovam os velhos regulamentos monásticos.

Conta-se que um aluno de Po-yun Shou-Tuan (1045-1072), um mestre zen da época Sung, elevou esses quatro conceitos, tornando-os as quatro verdades básicas do procedimento dos monges, ao beberem o chá em comum. E como o *Zenrin-chakai-sange-mon* afirma: "O mundo terrestre não é harmônico na sua atuação e todos são dominados pela codícia, pela raiva e pela ignorância. Porém, nós vivemos com harmonia e respeito, e toda nossa atuação é pura e serena".

O conceito *kei*, "reverência" ou profundo respeito, abrange a deferência, o respeito para com os outros homens e, ao mesmo tempo, o autocontrole diante do próprio Eu: inclui a valorização de todos os seres vivos.

A "harmonia", *wa*, é o harmonioso relacionamento com todas as coisas. Essa harmonia se revela na atuação própria de um homem, na sua relação com todo o seu meio ambiente e no seu ajustamento a ele. A expressão "graça do coração" transmite bem essa ideia. O efeito conjunto de ambos os conceitos permite o surgimento desse sentimento profundo que interliga os homens a todos os outros seres vivos, permitindo-lhes participar da verdadeira profundidade desses seres. Quando um homem se entrega a esses conceitos no sentido zen, já não dispõe de espaço para qualquer outra coisa, porém se dedica apenas ao que está diante de si — entregando-se no sentido *mushin* — e seu coração torna-se completamente "bondoso e suave", *nagoyaka*. Os curtos poemas de Matsuo Basho* refletem essa atitude em vários tipos de imagem. Por exemplo:

> *Mesmo o javali selvagem*
> *é perfurado pela cortante*
> *tempestade no brejo.*
>
> *Chuvisco de inverno!*
> *Até o macaquinho anela, agora,*
> *por uma manta.*

Sei, "pureza", é a nitidez externa e interna, portanto, a limpeza no sentido moral-ético-religioso. É a limpeza enraizada no que é natural, simples e modesto. Ela aparece tanto nas peças de chá, por exemplo, como nas pessoas que as manuseiam. Significa estar pronto para a experiência última, a que o coração deve se entregar puro, livre de toda paixão.

No Caminho do Chá, o primeiro ato é a lavagem das mãos e da boca. Isto se dá no decorrer da travessia do caminho do jardim que conduz à Sala de Chá, tirando o homem do transitório da poeira para levá-lo ao encontro da sua própria pureza, no mundo límpido do chá. Pois, "a Cerimônia do Chá, na sua sala modesta e estreita, é um Caminho que só pode ser trilhado através do exercício

---

* Basho foi um dos mais respeitados e eminentes poetas de todos os tempos, autor dos famosos poemas *haiku*. (N. T.)

religioso do coração, no qual os ensinamentos do Buda devem ocupar a primeira posição. Ter como tema de conversa o traçado da sala e a escolha dos manjares é uma mera manifestação mundana. Realmente, basta deixar o casebre inacabado e a comida insuficiente. O ensinamento budista é o principal conteúdo da Cerimônia do Chá". Essas palavras foram proferidas por Rikyū, que, em outra ocasião, acrescentou que a Cerimônia do Chá "é uma esfera búdica de pureza".

O conceito de serenidade, *jaku*, é o último e o de mais difícil apreensão. É, também, o que foi mais sujeito a desvios no decorrer da história do Caminho do Chá. Essa serenidade abrange todo um mundo de ideias. É uma serenidade particular, ligada à paz do coração, à solidão — uma serenidade que o homem vivencia e que, ao mesmo tempo, reside no seu interior. Porém, esse conceito também envolve um ideal de beleza que já em si guarda íntimas associações com a concepção do *sabi* e do *wabi*. Ele requer o repúdio de tudo o que é barulhento e insistente, de tudo o que ofende os olhos. O tom fundamental desse conceito, por sua vez, é determinado pelo Caminho do Zen. Pois é onde esse conceito está intimamente ligado ao *satori*, à iluminação. Os desejos mundanos são extintos, e dá-se o mergulho no nada. Portanto, nosso conceito também abarca o "vazio", *ku*, que é, ao mesmo tempo, o silêncio. E, nesse ponto, voltamos ao conceito de pureza. Entre esse ideal e a concepção de silêncio há também, de acordo com o Caminho do Chá, uma estreita ligação.

Paralelamente ao "puro e imaculado", fala-se também no "saber puro e imaculado"; isso nada mais é do que a "verdade última", *chi'e*, o conhecimento e o entendimento através da força da intuição — uma sabedoria transcendental. Aí reside a ligação com o conceito de silêncio, no qual se vivencia o Todo-Uno, que é a natureza búdica na esfera do Buda.

Retomemos agora o *Zencharoku* de Sen Sōtan e vejamos o que essa obra tem a nos dizer.

WABI

O ideograma *wabi* é usado no Caminho do Chá com reverência muito especial e indica o cumprimento dos mandamentos do Buda. Contudo, os homens desse mundo usam o termo *wabi* ao se referirem a fenômenos externos, quando no interior não há rastros do conteúdo do *wabi*. O que, então, podemos dizer de uma pessoa que gasta grande quantidade de ouro na sua sala de chá, para dar uma impressão externa do *wabi*, que troca pedras e jardins pela porcelana fina e valiosa, para vangloriar-se diante de seus convidados?' Pode alguém defini-lo como sendo um gosto requintado pelo *wabi*? O verdadeiro *wabi* é incompleto, não tem nenhum desejo próprio, nem anseio algum de perfeição...

O autor prossegue, citando alguns exemplos da literatura, e continua então:

Quando se observa o ideograma *wabi*, na sua conotação japonesa, já não se pode mais pensar que a dependência signifique dependência, nem que o incompleto signifique incompleto. Deve-se entender claramente que o *wabi* é o incompleto, que não inclui em si o pensamento do incompleto. Se um homem interpreta a dependência como dependência, entende o incompleto como incompleto, e julga o imperfeito como imperfeito, isto não é o *wabi*, e este homem bem merece ser considerado um pobre tolo...

Se o homem não se perder em todas essas especulações intelectuais, então preservará firmemente e sem equívocos o espírito do *wabi*; é o mesmo que observar as leis búdicas. É por isso que, quando um homem conhece o *wabi*, não há o despertar de nenhuma codícia, de nenhuma transgressão ao proibido, de nenhuma falta de domínio ou negligência, de nenhuma rebeldia e de nenhuma tolice. De agora em diante, a codícia transforma-se em caridade, a infração das proibições na sua severa observância, a falta de domínio em tolerância, a negligência em sério esforço, a rebeldia em contemplação interna e a tolice em sabedoria. Essas são as chamadas seis *haramitsu* — pelas quais significamos a faculdade de conduzir a transformação de um Bodhisattwa e de completá-la. *Haramitsu* é uma palavra em sânscrito que significa literalmente "alcançar aquela margem", *pāramitā*. Significa trilhar o caminho da iluminação. E como o ideograma *wabi* equivale à aplicação prática dessas seis *haramitsu*, não deveria então constituir uma lei dos ensinamentos do chá, a ser preservada verdadeira com toda a honra?

As palavras do *Nambōroku* mostram-nos a aplicação prática desse ensinamento no Caminho do Chá:

O significado fundamental do *wabi* revela um mundo búdico de imaculada pureza; portanto, que o pó desse caminho do jardim e do casebre sejam varridos de modo impecável. E quando o anfitrião e seus convidados mantêm um trato cordial, de coração aberto, não se deve de modo algum falar sobre as leis da cerimônia, sobre suas prescrições, critérios e medidas. Tudo é apenas uma oportunidade, desde o atiçar do fogo, a água a ferver, até o saborear do chá. Nada deve haver além disso. Isso é o que faz reluzir o coração de Buda, límpido como o orvalho. Quando o homem se concentra nas cortesias e nos cerimoniais, cai nas mais diversas obrigações mundanas e, assim, ou os convidados cedem à negligência do anfitrião, encobrindo-a, ou o anfitrião se diverte com a negligência dos convidados. Em época alguma houve um homem que compreendesse tudo isso até as últimas instâncias do requinte e da profundidade. Se Chao Chou fosse o anfitrião, e o primeiro patriarca zen fosse o convidado, e se o Mestre Rikyū e eu varrêssemos, nós próprios, a poeira do Caminho do jardim, esta poderia talvez ser uma reunião perfeita.

Reconhecemos aqui o outro lado do *wabi*, o seu lado oculto, revelador de uma face totalmente budista. O *wabi* é também a perfeição de costumes de um budista devoto, aplicado aos discípulos do Caminho do Chá. É o que levamos em nossos corações, sem exibi-lo externamente, enquanto não estiver em completo acordo com o coração. *Wabi* é "a alegria de um pequeno monge, cujas roupas flutuam ao vento". É uma pobreza consciente que, quando percebida, já não é mais pobreza. *Wabi* é o bastar-se-a-si-mesmo que os monges e poetas zen vivenciam, ao partirem nas suas longas peregrinações, em busca das experiências derradeiras. Na pobreza, eles percorriam os campos, cruzavam altas montanhas, vadeavam largos rios, atravessavam florestas solitárias e escuras; assim aprendiam a estar sós, interligados a cada movimento da natureza. Dava-se aqui o despertar dos sentimentos do peregrino para a inter-relação última das coisas, aqui vivenciavam o "silêncio", o grande "vazio".

Pensamentos similares também surgem do grande mestre zen Ikkyū, que já influenciara os mestres do Caminho do Chá através dos seus ensinamentos, pois vários entre eles haviam sido seus discípulos de Zen. O *Gaikotsu* registrou vários dizeres de Ikkyū e entre eles encontramos:

> Descartem a suposição da existência de um ser próprio. Deixem-se apenas flutuar no fluxo fugaz da nuvem de vento, que constitui o vosso corpo.

Todas as coisas, inevitavelmente, se tornaram vazias, e esse "processo de esvaziamento" significa um retorno ao lugar de origem do ser. Ao nos sentarmos diante de uma parede, surgem em nosso interior associações a isto ou a aquilo, ideias desprovidas de realidade, assim como até cinquenta anos de sermões são irreais.

O monge-poeta Matsua Bashō, ao falar sobre o seu Caminho no seu diário de viagem *U-tatsu-kikō*, expressa os mesmos pensamentos numa outra imagem:

"Algo" vive no meu corpo. Vamos chamá-lo de "pequeno monge, cujas vestes flutuam ao vento". Mas será realmente o agitar das suas vestes ao vento o que estamos querendo significar? Esse rapaz dedicou-se durante muito tempo a compor poemas curtos. Ao final, transformou essa tarefa na meta da sua vida. Às vezes ele se arrepende e tem vontade de desistir, outras é arrebatado pelo entusiasmo e sente a ambição de superar os demais na execução dessa tarefa. Esses sentimentos surgem, um de cada vez, e lutam em seu peito, resultando em inquietação. Há momentos em que ele deseja obter um trabalho no mundo externo, porém esse "algo" o restringe. Em outros momentos, ele alimenta o desejo de seguir os ensinamentos zen, de modo a iluminar sua ignorância; mas também aqui "algo" o impede de seguir esse ímpeto. E assim ele permanece inapto e incompetente, além do fato de permanecer constantemente atado a um Caminho. O mesmo Caminho que Saigyō buscou nos seus poemas, que Sōgi procurou na sua poesia-acorrentada, que Sesshū tentou descobrir nos seus desenhos a nanquim e Rikyū na sua Cerimônia do Chá é o único Caminho atuante em todas as suas obras. E quem ama esse Caminho segue as leis da natureza e torna-se amigo das estações. Tudo o que vê são flores. Tudo o que sente se torna a lua. Quando seu coração não se abre em flores, ele é como um bárbaro. Quando seu sentimento não desabrocha em flores, ele se assemelha a um animal. Afasta o bárbaro, separa-te do animal, segue a lei da natureza, retorna a ele.

E em outra passagem:

Um anelo de ventos e nuvens apoderou-se do meu coração, e tive anseios de vivenciar a essência das flores e dos pássaros.

Temos aqui o mesmo anseio pelo supremo conhecimento, como é revelado nas obras dos Mestres do Chá. Aqui está também a fonte das ideias de Rikyū, quando ele chama a sua forma do Caminho do Chá de "uma Cerimônia de Chá de Libertação". O *Zencharoku* inspira-se nesses pensamentos e, em um dos seus capítulos, fala da mutação através dos ensinamentos do chá. Isso parece um eco daquilo que Kitayama Junyu afirma na sua *Metafísica do Budismo*:

> O ser absoluto e verdadeiro (o mundo absoluto do Nirvana) afasta-se da fatalidade do conhecimento (da polaridade). O grande amor e a razão absoluta se complementam mutuamente. Em consequência, quem é libertado não permanece nem na vida nem na morte, não se limita nem ao surgir nem ao desvanecer, nem ao ser nem ao Nirvana. Ativo no decorrer da eternidade futura, ele traz bênçãos aos seres vivos e, ao mesmo tempo, transforma-se na eterna quietude.

Portanto, aspirar ao Caminho do Chá não é senão a busca dessa transformação, na qual o homem, precisa confiar-se ao governo da natureza, já que não lhe é permitido buscá-la.

Seguimos essas leis e, quando entramos na sala do chá, confiamo-nos ao espontâneo atuar da natureza, renunciamos ao nosso pequeno saber e nos aproximamos do vazio e do silêncio absoluto: é preciso compreendê-los do princípio ao fim. E, mais uma vez, são poucas as características que distinguem o Caminho do Zen-Chá, e não há prescrições para praticá-lo de modo secreto ou oculto. Porém quando, atraídos pelas várias práticas do chá, perdemos nosso tempo à espera do estado búdico, não completamos o Caminho do verdadeiro Zen-Chá — e quando, então, em qualquer caso, poderíamos alcançar o mistério da transformação? Mas, se preservarmos a forma autêntica do Zen--Chá e se visarmos a esse fim com devoção, através da prática religiosa, penetraremos automaticamente no mistério da transformação.

Através desses canais do pensamento, o Caminho do Chá é finalmente conduzido para muito além dos ideais de alguém como Rikyū, enquanto os diferentes tipos de Cerimônia do Chá, mesmo os que ostentam os mais maravilhosos nomes — tais como "Chá na Neve", "Chá entre Flores", "Chá ao Luar", "Chá ao Fogo da Madeira" — são rejeitados como inúteis. Essencial é apenas a prática, o exercício religioso do coração. É esse o único meio de o homem poder, finalmente, alcançar a iluminação de modo espontâneo, quando menos espera. Ele também deveria conhecer o sentido no qual *mu*, o ideograma de "Nada", aporta à existência do convidado e do anfitrião no decorrer de uma verdadeira Cerimônia do Chá. Lemos as seguintes palavras no *Dentō-roku*: "Na lareira não existe ninguém, nem convidados nem anfitrião".

A princípio, o Caminho do Chá era desprovido de feições próprias.
Sua única lei natural era o zelo, o autocontrole.
Contudo, haja regras ou não,
É suficiente que o homem renuncie aos seus anseios para que, como um milagre, ocorra transformação.

A Sala de Chá e o Jardim do Chá

A sala de chá e o jardim do chá constituem uma única unidade harmônica e, por esse motivo, também aqui devem ser tratados em conjunto. A sala de chá se distingue claramente das outras estruturas e formas da arquitetura japonesa. Enquanto as imponentes construções de templos denotam força e peso — enfatizados pelos telhados pesados de ardósia, assim como pelas beiradas externas pendentes dos telhados e pelos pilares maciços — e permanecem como monumentos para a posteridade, a sala de chá mostra o seu caráter de natureza efêmera. Até a escolha dos materiais comprova tal fato. Pois ela não pretende ser nada além de uma "pousada" no seio deste mundo transitório, de um refúgio temporário para os seus ocupantes. A forma e o caráter da sala de chá transformaram-se com o posterior desenvolvimento dos ensinamentos relativos do chá.

Já vimos como era estreita no Japão a ligação entre o chá e o seu uso, por um lado, e a vida monástica dos mosteiros zen, por outro. Nenhum dos Mestres do Chá praticava a sua arte sem antes ter estabelecido os fundamentos dela, através dos estudos e da prática do Zen. Haveria algo mais natural, portanto, se o espírito e a atmosfera desses centros de aprendizagem também se refletissem na sala de chá? Se os templos de outras seitas budistas eram, antes de tudo, centros de oração e de peregrinação, os templos e mosteiros zen também se diferenciavam a esse respeito. Pois eram apenas lugares onde os monges residiam e estudavam comodamente. Era no templo que viviam, praticavam e trabalhavam. Ali eles procuravam o sentido do seu próprio ser em si mesmos, imperturbados pelo mundo exterior.

Os templos zen, à sua própria maneira, são santuários. Seus aposentos são simples, planos, e até a sala principal é quase desprovida de adornos, não exibindo a decoração carregada habitual dos outros santuários budistas. Nela encontram-se apenas uma imagem do Buda, ou de seu discípulo Kāsyapa, ou de Bodhidharma, o patriarca zen. A essa altura pensamos inconscientemente na história da conversa entre o Bodhidharma e o imperador chinês Wu. Quando, perguntado sobre o sentido dos seus ensinamentos sagrados, o mestre zen respondeu: "Onde tudo é o 'vazio' infinito, nada pode ser chamado de 'sagrado'". Ou podemos ser levados a refletir sobre a história do monge Tanka que, num dia gélido de inverno, usou uma estátua do Buda como combustível para acender o fogo e se aquecer. Quando um monge chama a sua atenção para esse ato sacrílego, Tanka dá a entender a seu interlocutor que está à procura da valiosa joia que, segundo dizem, deverá surgir entre as cinzas do corpo de um Buda.* Quando o monge lhe responde que, por se tratar de uma estátua, certamente não encontraria a joia, Tanka replica, descontraído, que nesse caso a imagem não era de Buda e que, portanto, seu ato não fora um sacrilégio. E vira-se, então, para se aquecer ao fogo. Esse mesmo espírito zen — simples, sensato, porém profundo — influenciou a formação da sala de chá. O japonês designa a sala de chá pelos mais variados termos, cada qual indicando uma forma ou caráter. Encontramos várias expressões para designá-la, tais como *chatei, kakoi, sukiya, chaseki, chashitsu, chaya, sōan*, entre outras. A denominação *chatei* referia-se ao pavilhão do chá, tal como era utilizado na época das competições. A palavra *kakoi* significa "aquilo que está recluso", e se refere à Cerimônia do Chá, das salas de construção *shoin*. Nesse caso, separava-se por biombos uma área que media cerca de quatro tatamis e meio do resto da sala, que comportava aproximadamente 18 tatamis. Esse já é o tamanho que mais tarde será o habitual da sala de chá. *Chashitsu* significa, no seu próprio sentido, uma sala de chá construída como apêndice de uma moradia, enquanto *chaseki* designa uma sala de chá separada. *Chaya* e *sōan* referem-se a uma sala de chá temporária. Porém, a expressão mais divulgada durante a expansão da Cerimônia do Chá foi *sukiya*, da qual falaremos mais adiante.

---

* Segundo a tradição, acredita-se que, ao cremar o corpo de um homem que atingiu a iluminação, portanto, um Buda, encontra-se uma preciosa joia entre as suas cinzas. (N. T.)

As indicações mostram-nos que o tamanho da sala de chá é determinado pelo número de tapetes — tatamis — utilizados. Como um tatami mede normalmente 90 x 180 cm, uma sala de chá de quatro tatamis e meio mede cerca de três metros quadrados. Essa é a dimensão normal; entretanto, outras variantes também se desenvolveram. Encontramos, portanto, salas de chá de seis tatamis, assim como de três, de dois e até de um tatami e meio. Rikyū gostava particularmente das salas decididamente pequenas.

Voltemo-nos, por um breve instante, à expressão *sukiya*. Como já vimos pelas declarações de *Yamanoe no Sōji Ki*, faziam-se delicadas distinções entre os adeptos da Cerimônia do Chá, então conhecidos como *sukisha*. Entre eles, distinguiam-se os que eram versados a respeito dos utensílios e das formalidades, isto é, os que haviam atingido certa maestria no seu ofício dos que, além disso, possuíam o *wabi*. Os primeiros eram denominados *sukisha* ou, também, *chanoyu-mono*, e os segundos eram os mestres do *wabi*, os *wabi-sukisha*.

O termo *suki* significa "ter uma predileção e dedicar-se totalmente a ela". Essa palavra constitui a expressão anterior, *monogami*, originalmente usada no mesmo sentido; porém, no decurso do tempo, essa palavra adquiriu uma nuança própria, sendo cada vez mais aplicada aos diletantes. A princípio, o *suki* não se restringia ao Caminho do Chá. Os adeptos de outras artes também eram chamados de *sukisha*. Porém, em épocas mais recentes, o termo foi associado quase que exclusivamente ao chá. E o próprio Caminho do Chá passou a se chamar *sukidō*, e seus discípulos, *sukisha* ou *sukibito*, e a sala de chá, *sukiya*.

O desenvolvimento do Caminho do Chá propiciou uma transformação natural do significado do conceito de *suki*. Uma mera predileção ou devoção ao *suki*, por si só, não satisfazia mais. A predileção intensificou-se, elevando-se a um verdadeiro entusiasmo pelas peças de chá de rara beleza, culminando na paixão do colecionador. Tudo isso evidentemente não tinha mais a ver com a verdadeira manifestação do Caminho do Chá. Como já constatamos pelas afirmações de diversos Mestres, o verdadeiro discípulo dos ensinamentos do chá rejeita tal atitude decididamente. Numerosas críticas dessa tendência estão expressas nos diversos textos, porém preferimos evitar a sua menção.

O verdadeiro conteúdo do *suki* não abrange apenas uma preferência, e sim, um verdadeiro amor pelas coisas, na medida em que encarna, na sua essência, o que é também o anseio interior do verdadeiro homem do chá — a reverência, a harmonia, a pureza e a serenidade. Porém, no decorrer desse processo, a reverência não deve ser substituída pelo valor ou pela raridade, nem a harmonia pela simetria; a pureza não deve ser suprida pela mera limpeza, nem a serenidade por uma rigidez artificial. "Se um homem pronuncia a palavra *suki* no sentido de 'amante do que está na moda', e manifesta assim uma inclinação às coisas, isso o desvia decididamente das concepções básicas do Caminho do Chá." Estas são palavras do *Zencharoku* que, em outra passagem, enfatiza o seguinte: "Alguém não apegado ao mundo, que não está à procura das coisas terrestres, sentindo alegria com a sua renúncia à perfeição e sua pobreza — a esse homem, em seu casebre solitário, chamamos de alguém que possui o *suki*..." Portanto, o *suki* assemelha-se ao *wabi* mencionado acima, pois inclui uma tendência em deixar as coisas na sua totalidade imperfeita, alegra-se com sua pobreza pura e, dando fim aos ávidos prazeres, aproxima-se muito das regras monásticas.

Essas palavras parecem definir o mundo conceituai do *sukiya*. Já não é mais, nem deveria ser, uma mera moradia modesta, o pequeno casebre *sōan* de uma pessoa de sensibilidade artística e refinada, no sentido do *wabi* e do *sabi*, que baseia sua existência na comunhão e unidade com a natureza, única fonte de onde pode surgir a última sabedoria. Ao nos depararmos com definições como "Casebre do Criativo", "Ermida do Incompleto" "Cabana do Vazio", constatamos que têm o mesmo fundamento.

Várias denominações de épocas remotas, tais como "Ermida na Aldeia da Montanha", "Casebre Escondido na Montanha", "Cela na Capital" — enfatizam o caráter preeminente da sala de chá: o de uma ermida. Um sentimento de distanciamento do torvelinho do mundo — uma solidão tranquila e contemplativa — emana de toda a sua estrutura. E isso é ainda mais acentuado pela posição da sala de chá, no interior recolhido do jardim do chá. O *tōgeniji* transmite-nos algo da atmosfera especial dessa ermida. Descrita como cela solitária, foi construída para ele próprio, pelo príncipe de Mito, Tokugawa Mitsukuni (1628-1700), ao final de sua vida, para lá poder viver em completo acordo com suas inclinações, na serena paz da natureza. Seu casebre chama-se "Ermida da Montanha do Oeste".

A Ermida da Montanha do Oeste é um lugar especial. O telhado de frente é coberto de palha, sobre o qual cresce em grande profusão a "grama *shibakiri*". A hera reveste a cerca ao lado do portão, e há um pequeno trecho de cerca de bambu, na parte da frente. Os outros lados da ermida apoiam-se diretamente na montanha e, aqui, não há nada que possa ser chamado de cerca. E ressoa o borbulhar da água de uma fonte, brotando ao pé de um platô rochoso. Esse som bem poderia purificar os ouvidos de qualquer habitante deste mundo terreno...

A sala de chá respira perfeita simplicidade e, ao mesmo tempo, pureza. É a expressão pessoal da criatividade de seu Mestre e revela aos convidados o seu ser mais íntimo. Reflete as ideias zen a respeito da transitoriedade da vida, e todo o seu ser é um mero refúgio temporário durante sua vida na Terra, assim como também o corpo é apenas uma envoltura passageira. Até o material utilizado na construção da sala de chá é de uma simplicidade natural. São usados bambu, madeira, barro, junco e palha — coisas perecíveis da natureza. Reina a irregularidade, e dá-se a realização de uma imperfeição mágica. As paredes são de barro e, em sua maioria, pintadas de cores tranquilas. Sua parte inferior é geralmente empapelada com velhas cartas, caligrafias, e com gravuras de livros em madeira. Todo o traçado da sala de chá denota o incompleto — em outras palavras, a "perfeita imperfeição". E veremos tal fato mais detalhadamente ao considerarmos a pintura da sala de chá.

A arquitetura expressa uma distinção considerável entre a nova atitude espiritual, influenciada pelo Zen, e o velho enfoque japonês tradicional, que se inclinava às leis da simetria e as admirava — como constatamos em tantas construções — e as mantinha em grande consideração. Os ensinamentos zen e, do mesmo modo, o Caminho do Chá, valorizam a assimetria, pois só ela é livre de repetições, propiciando um desenvolvimento criativo. Além do mais, a simetria nos faz sentir, de um modo muito forte, o momento da perfeição, e não é isso o que se deseja. Toda repetição dá, ao mesmo tempo, a impressão do completo ou, pelo menos, do limitado. É aqui, também, onde devemos procurar o motivo da utilização dos vários tipos de madeira na sala de chá. O suporte do nicho, próprio para o quadro, é de uma madeira diferente dos pilares que sustentam a sala, ou da moldura das portas e janelas corrediças, recobertas com papel de arroz.

Duas entradas conduzem à sala de chá — uma destinada ao anfitrião e outra, mais baixa — *nijiriguchi* — para os convidados. Em contraste com o estilo japonês da construção, com suas grandes janelas corrediças, as janelas da sala de chá são pequenas e quase não permitem vislumbrar o exterior. Só assim é possível preservar essa atmosfera de reclusão, criadora do único mundo tão distante do cotidiano. Então, em tudo encontra-se uma aspiração à perfeição, porém uma perfeição que deixa o completo em aberto. Pois só quem a observa, pode completá-la.

Quando os convidados entram, a sala de chá está vazia. Só são trazidos os utensílios e os ornamentos quando os convidados já estão presentes. Esses objetos são retirados no final da cerimônia, novamente na presença dos convidados. Apenas o "vazio" permanece. Durante o decorrer da Cerimônia do Chá nada ocorre que imponha qualquer elevação consciente rumo à culminância; seu transcurso é regular e sem ênfase. Como vimos, os convidados percorrem o caminho do jardim, entram no "vazio" da sala de chá e, ao final da cerimônia, retornam pelo mesmo caminho, deixando atrás o "vazio". Porém esse "vazio" é ao mesmo tempo aquilo-que-a-tudo-envolve, único veículo através do qual o discípulo do chá poderá alcançar a verdade última.

Árvore da sabedoria, nada de semelhante existe,
nem mesmo um espelho no seu estrado.

Nada existe que seja real.
Como pode, então, a poeira assentar?

O caminho do jardim — *roji* — leva os convidados à sala de chá. Esse caminho também é o símbolo de toda a doutrina do chá. Foi sobretudo o Mestre Rikyū quem acentuou o desenvolvimento do *roji*, de modo especial. Ele até denominou todos os seus ensinamentos de *roji-sōan no chadō*. "O Caminho do Chá do Casebre Coberto de Grama, no Caminho do Orvalho". Aqui ele revela o seu enfoque básico: o grande amor ao Todo, em sua beleza multifária, porém simples, manifestando-se quando o orvalho luminoso da manhã, símbolo da pureza, brilha sobre o musgo que reveste o caminho do jardim, e pende sobre o telhado de palha do casebre, como uma lembrança da transitoriedade de todas as coisas. Uma fonte oculta verte sua água clara numa bacia de pedra e um córrego cruza o jardim, os pedregulhos a reluzirem através da transparência cristalina da água. No outono, algumas árvores, revestidas de uma manta de brocado, erguem-se junto ao caminho e próximas à sala de chá. Grupos de rocas, em formas grotescas, surgem, aqui e acolá, entre os arbustos. O chão é encoberto pelo musgo espesso e por líquens. Só as pedras do piso permanecem descobertas, indicando ao forasteiro o caminho que conduz à sala de chá por entre esse mundo vivo e silencioso. Os grupos de pedras, os cursos d'água e o musgo espesso lembram a solidão da montanha, que envolve os templos zen. Longe do mundo! — essa é a atmosfera a ser criada.

O paisagismo do jardim do chá é a melhor maneira de mostrar aos convidados se quem o concebeu possui os conceitos do *wabi* e do *sabi*. Em certo sentido, o caminho do jardim é o caminho do mundo do chá, mais do que outros. Pois cria também a disposição interna do coração. Do ponto de vista simbólico, é o primeiro degrau rumo à iluminação. Este é o início do mergulho; é aí que o coração começa a ressoar e que o grande esquecimento se apodera do homem. A cada passo percorrido no caminho do jardim, o coração do homem vai perdendo seu apego ao mundo.

A beleza do jardim deve ser criada de maneira a que o homem não a perceba de modo consciente. Deve simplesmente ser uma presença, preenchendo o coração por completo, de modo que não surja um pensamento sequer a respeito da sua própria existência. Na sua totalidade, a harmonia da paisagem deve fazer com que o nosso coração ressoe no mesmo ritmo.

O jardim frequentemente é delimitado por um muro, ressaltando, de um modo ainda mais claro, sua separação do mundo cotidiano. Ikenaga Sōsaku escreve que um simples muro de barro, semelhante aos que com frequência circundam um templo solitário na montanha, é particularmente expressivo.

Dependendo da escola do chá, o homem também encontrará, às vezes, um *roji* externo e outro interno — nesse caso, separados um do outro por um portal. No caminho externo do jardim está o *machiai*, a casa de espera, já citada na introdução deste livro.

Até o traçado dos jardins varia de acordo com as diferentes escolas de chá — porém, essa diferença é apenas de forma; a essência do jardim em si não é afetada. As mesmas leis são observadas em quase todos os casos.

Kobori Enshū foi reputado como um eminente mestre do traçado dos jardins do chá, e muitas criações suas foram preservadas intactas para a posteridade. Deixemos que o *Zencharoku* nos fale mais uma vez a respeito da sala de chá e do jardim do chá.

O caminho do jardim

Ao voltar nossa atenção para os jardins do chá do mundo atual, veremos que variam muito em sentido e significado, mesmo quando se referem ao caminho "interno" e "externo". No sentido original da expressão "caminho do jardim", *roji*. *Ro* foi interpretado como "manifestar-se", e *ji* como "coração". Portanto, implicando o "revelar-se da sua própria natureza". "Caminho do jardim" significava erradicar a eterna dor do mundo, junto com suas raízes, revelando a natureza búdica da realidade e da verdade eterna. Fala-se também do "caminho do orvalho branco" — *hakuroji* — que é a mesma coisa. *Haku*, "branco", quer dizer "totalmente puro". Com base nessa interpretação literal da palavra *roji*, para designar a sala de chá, concluímos que esse é o templo onde a natureza búdica se manifesta em nosso ser. Desse modo, o caminho do jardim é apenas um outro nome utilizado para denominar a sala de chá... Não há diferença entre ambos. A sala de chá também é chamada de "outro mundo" e, assim, entra em contato com o nosso próprio coração.

O Mestre Rikyū criou no seu jardim a mesma atmosfera que emana do já citado poema de Shukō:

> Para onde quer que eu olhe,
> não há sequer flores ou
> a folhagem ou tonai colorida.
> Um pequeno casebre outonal na enseada,
> no entardecer do outono.

Esta é a solidão que o Mestre procura. Essa solidão pode ser compartilhada com seus convidados e, juntos, podem gozá-la com o coração puro e desprovido de apego. Ou, então, ele pode usufruí-la sozinho. Kobori Enshū busca a mesma solidão e a mesma serenidade de outro modo:

> Pálida lua do anoitecer!
> O mar brilha, ao longe,
> entre as árvores.

Ninguém vivencia esse descobrir-a-si-mesmo em tal estado de ânimo e de modo mais forte do que o já tão mencionado poeta Matsuo Bashō, ao sentir-se todo imerso na claridade do coração:

> *Que silêncio!*
> *Na profundeza da pedra*
> *ressoa o canto da cigarra.*

O Caminho do Chá e as Flores

A arte do arranjo floral ocupa posição de destaque na vida japonesa. Do mesmo modo que se fala de um Caminho do Chá, também se conhece o *kadō*, o Caminho das Flores. Encontramos no Caminho das Flores — assim como nos outros Caminhos — uma variedade de escolas, cada uma com diferentes regras e regulamentos.

A origem dos ensinamentos da mais antiga escola de arte floral vem da época do príncipe herdeiro Shōtoku (572-621); o monge laico Ono no Imoko, que vivia, em época posterior, na capital, Kyōto, próximo ao Rokka-kudō do templo Chōbō, é considerado o progenitor dessa arte. Sua casa chama-se *ikenobō*, "Ermida junto ao Tanque de Peixes", nome que foi adotado mais tarde pela primeira escola. O fato é que essa arte desenvolveu-se na época do shogunato de Ashikaga (séculos XIV e XV), tornando-se uma verdadeira doutrina. O costume de colocar flores diante da imagem do Buda já era, havia muito, difundido. As obras da literatura japonesa, os contos e os diários muito nos relatam a esse respeito. Flores, incenso e castiçais juntavam-se diante da imagem do Buda. Conta-se no *Konjaku-monogatari* que se ia às montanhas para colher as flores da estação, a fim de oferecê-las ao Buda, junto com o incenso.

Já ouvíramos falar a respeito desse hábito em relação às competições do chá. E os conselheiros de arte do Shōgun Ashikaga Yoshimasa — os Mestres Nōami e Sōami entre outros — também gozavam da reputação de Mestres das Flores. O desenvolvimento do nicho na construção das casas japonesas fez com que os arranjos florais neles ocupassem um lugar de honra. A princípio os arranjos eram colocados diante do Buda ou de uma imagem sagrada. Mais tarde, porém, eram colocados na frente de outros ornamentos pictóricos ou eram o único adorno. Nesse momento, surgiu também o sistema complexo de regras que constituía a escola Ikenobō. Pessoas de todas as classes começaram a gostar dessa arte, que gozou de um rápido florescer, mais incentivado ainda pelo desenvolvimento dos ensinamentos do chá. A rigidez dos arranjos florais nos nichos prevaleceu, suprema, até o aparecimento dos grandes Mestres do Chá. Esse modo de elaborar os arranjos de flores foi denominado *rikka* ou *tatebana*. Manteve regras severas e um simbolismo muito marcante.

O ponto essencial de cada arranjo é a manutenção da trindade *shin*, *shoe* e *tai*. A interpretação desses conceitos varia de acordo com a escola, porém são mantidos os seus princípios, firmemente apoiados nos mesmos significados básicos. *Shin*, o galho vertical que reina sobre o conjunto, personifica a verdade, o céu, o próprio Buda; *tai* representa o corpo, a matéria, o homem; e o mediador de ambos é *soe*, o Bodhisattwa, aquele que concede ajuda na busca da Verdade. Uma tradição secreta da escola Tanigawa, o *Sendensho*, diz o seguinte: "O *shin* deve ser considerado como Buda, o *soe* como a divindade auxiliar e as relvas mais baixas como os homens". A flor mais típica de cada estação deve ser usada como *shin*. Pode, também, ser substituída por um galho. Pouco a pouco, sob a influência dos ensinamentos do chá, a ênfase de *shin* vai diminuindo. Estimula-se, agora, o "arranjo incompleto". Aqui, também, inicia-se um movimento de libertação da beleza "ostentosa".

Ao tornar-se conhecido e popular entre o povo, o Caminho das Flores foi deixando de observar as regras rígidas das escolas *rikka*. Desenvolveu-se uma nova versão dessa arte, representante de um rumo mais natural. Tornou-se conhecida pelo nome *nage'ire* e logo estabeleceu uma conexão com o Caminho do Chá, cujos ideais refletiam muito mais do que as escolas *rikka*. Esse novo movimento já não fazia uso de recipientes pesados — em sua maioria de bronze —, como porta-flores, porém, preferia os vasos simples de bambu ou os trançados de bambu, que podiam ser pendurados ou utilizados como vasos de pé. Evidentemente não se podia "fixar" as flores nesses recipientes à maneira severa do sentido *rikka*. Podia-se apenas "soltá-las" — *nage'ire* — nesses vasos, reunindo-as quase que casualmente em grupos. Portanto, o planejamento humano, com todos os seus artifícios, já não valia, agora, do mesmo modo como havia ocorrido nas escolas *rikka*, a fim de levar a cabo as configurações formais. Em vez disso, a flor em si, como ser vivo, passou a desempenhar esse papel. *Nage'ire* segue uma disposição, cujo desígnio é reproduzir a natureza de acordo com as leis da existência da própria flor. No caso, o homem é apenas um mediador. A arte floral denota agora uma transformação semelhante à que ocorreu no Caminho do Chá — da pureza formal ao simples e natural. No caso das flores, o "dispor" foi substituído — *tateru* — pelo "soltar", *nage'ireru*. E, na sala de chá, este último transforma-se finalmente em *ikeru*, "manter vivo". A atual expressão que designa os arranjos florais, *ikebana*, bem o demonstra.

Porém, ao fazer essas observações, não devemos desconsiderar o fato de que, em última instância, os Mestres do Chá mantinham uma atitude diferente em relação às flores. Para os Mestres das Flores, o arranjo floral era uma meta em si. Entretanto, para os Mestres do Chá, os arranjos eram apenas um aspecto da articulação total da Cerimônia do Chá. No contexto da sala de chá, onde os arranjos são chamados de *chabana*, "flores do chá", as flores têm uma determinada função a preencher. Elas introduzem as estações do ano no interior das salas de chá. Portanto, devem materializar a natureza em que vivem. Nos seus arranjos devem revelar algo intrínseco ao seu próprio ser. O mestre que faz o arranjo não pode permanecer na mera habilidade artesanal. Se ele visa a abranger a essência da natureza da flor é preciso que seu coração se instale nela. Não é a beleza da flor que ele tenta revelar através do seu arranjo: é a flor em si, o Ser dessa flor, à semelhança dos demais seres. Contudo, desse enfoque decorre inevitavelmente o fato de a *chabana* não poder seguir nenhuma regra determinada, pois cada flor em si exige um arranjo diferente.

O principal é preencher essa exigência. E, ao mesmo tempo, o Mestre deve ter cautela para que as flores não estejam em contradição com os demais utensílios do chá, para que tudo flua entre si, num conjunto harmonioso.

Enquanto o Mestre das Flores busca como fator principal a harmonia do meio ambiente imediato — através da sala, do quadro e assim por diante —, o Mestre do Chá procura, acima disso, a harmonia com algo mais longínquo e amplo, como o Todo — através das flores.

O Caminho do Chá e a Pintura

Quando não se encontram flores para ornamentar a Cerimônia do Chá, coloca-se um quadro, *kakemono*, suspenso no nicho. Trata-se geralmente de um simples desenho a nanquim, às vezes levemente colorido. A propósito desse mesmo contexto, também se comenta a influência exercida pelo Caminho do Chá sobretudo na valorização da pintura em branco e preto através da Cerimônia do Chá. Aqui é evidente que os ensinamentos zen também constituem o pano de fundo.

Ao observar as pinturas orientais, nós, europeus, encontramos dificuldades similares às confrontadas quando nos deparamos com um arranjo floral. Gostamos de olhar uma pintura japonesa, mas será que esse prazer brota de uma compreensão verdadeiramente profunda, de uma emoção interna? Deleitamo-nos nas suas formas, na sua percepção, sentimos um prazer decididamente estético — porém, talvez, por uma falsa interpretação! Somos realmente capazes de ver a obra de arte com os olhos da verdadeira compreensão? A mera percepção da sua forma, da sua técnica não é suficiente. No Oriente, o "compreender" só é preenchido quando sentimos a ressonância estimulada por uma obra, uma vez apreendida em toda a sua profundidade. É importante, então, "apreciar" um quadro no sentido japonês. Quando esse quadro se encontra numa sala japonesa e, mais ainda, num nicho, esse "apreciar" é facilitado. A sala japonesa é desprovida de adornos. O olho não é desviado para outras coisas. No nicho, o quadro, as flores ou algum outro objeto decorativo ocupam o centro de nossa atenção de modo patente. Em suas linhas e pontos, o quadro delineia uma melodia própria. Ele só ganha vida quando começa a ressoar no coração de quem o contempla. Segundo um conto de Lieh Tzu, a melodia do tocador de alaúde Po Ya vibra, também, no coração do seu amigo. É a mesma experiência. Chama-se *yoin*: ressonância.

Na sala de chá, o lugar de honra é ocupado pela pintura a nanquim, um quadro em preto e branco. Pois justamente esse tipo de pintura é cheio de segredos. São espelhos da alma de seus Mestres, no mais verdadeiro sentido da palavra. Cada pincelada, cada linha, cada ponto, cada espaço "vazio", em branco, é significativo. As conversas dos Mestres zen com seus discípulos, a quem desejam conferir o esclarecimento através do não esclarecimento, são guias indicadoras do Caminho para aqueles que ainda o desconhecem. Só a superação de todos os preconceitos mentais torna o discípulo maduro para o milagre da "iluminação".

Os quadros a nanquim também não são mais do que a transmissão da experiência adquirida para o aluno. A representação de um objeto no quadro não ocorre por causa de seu contorno ou de sua forma. O único objetivo do Mestre é transmitir uma vivência: a "unicidade" que ele próprio vivenciou como iniciado. Ele mergulha totalmente nessa "unicidade", seja ele um lótus, um bambu ou uma garça. Ele vivencia a essência última do objeto, e o representa. Porém, sua obra só se completa no sentido Zen quando seus discípulos vivenciam o "uno" que reside no interior dela. A apreciação artística transforma-se aqui em meditação. E, nesse sentido, a arte japonesa é "sem moldura" — isto é, um quadro não é limitado por uma moldura nem no sentido físico nem no sentido espiritual. O quadro propõe uma alta demanda no que toca à participação ativa do observador.

Um Mestre oriental disse certa vez que em cada pedra há uma montanha, em cada gota d'água, um vislumbre do mar. Portanto, é o todo cósmico que deve ser apreendido: a vivência dessa totalidade cósmica. Ao observar pinturas ou desenhos a nanquim, não é a representação dessa ou daquela paisagem que encontramos e, sim, a paisagem como tal, como uma vivência da natureza. A natureza encontra-se em perpétua mutação. Portanto, somos levados a reconhecer a lei da vida. O homem também é submetido ao desintegrar e ao surgir. Esse sentimento também predomina na pintura a nanquim.

Incessante é o fluir da corrente do riacho e, contudo, suas águas nunca são as mesmas. A espuma que flutua sobre as águas paradas desaparece aqui, acumula-se ali, não perdura por muito tempo. O mesmo ocorre com os homens deste mundo e com suas moradas.

Se vivêssemos para sempre e não nos desvanecêssemos como o orvalho sobre o campo de Adashi, e não nos dissipássemos como a fumaça sobre o monte Toribe, como poderíamos sentir aquela disposição à saudade que impregna as coisas? É a transitoriedade da vida que a torna tão bela.

> *O aproximar do outono:*
> *os olhos ainda não o reconhecem*
> *de modo claro;*
> *porém a austeridade do vento, surpreso,*
> *já permite pressenti-lo.*
>
> FUJIWARA TOSHIYUKI

Os pintores procuram o ser das coisas, buscam a sua aliança cósmica, e não a forma. Por isso, as pinturas refletem constantemente uma procura pessoal do conhecimento: suas obras são verdadeiras confissões.* Essa evolução não pode deixar de ser reconhecida nas verdadeiras pinturas a nanquim. Trata-se de criações ao estilo da sala de chá, destinadas unicamente aos próprios criadores e, quando muito, para alguns "iniciados". São totalmente

---

* É notável a similitude com a inscrição ao portal do oráculo de Delfos, o "Conhece-te a ti mesmo", ponto de partida da busca do conhecimento na Grécia e que no Ocidente tomou um caminho tão diverso — culminando na racionalidade e deixando de lado o surgir intuitivo do ser das próprias coisas (N. T.)

subjetivas — dão testemunho da mais profunda essência de seu Mestre e dos passos dele, ao percorrer o Caminho.

A essa altura torna-se óbvio que a pintura a nanquim foi como que criada para o Caminho do Chá. A seu lado, a pintura objetiva, que parte da perspectiva humana para representar as coisas como os olhos as veem, aspira a uma meta prática na sua busca de certa originalidade; portanto, não é de nenhuma utilidade para o homem do chá. O essencial é a "perfeita imperfeição", tanto na pintura como na construção de uma sala de chá.

Certa vez, Kakuzō Okakura escreveu: "A natureza dinâmica dessa filosofia sublinha mais o processo através do qual se aspira lograr a perfeição do que a perfeição em si". Por isso, encontramos com tanta frequência, nas pinturas a nanquim e nas conversas zen, "aquilo que não foi escrito". Em exposições de quadros a nanquim, muitas vezes ouvi comentários de amigos referindo-se às obras como meros "esboços". Nesses quadros, como europeus, sentimos falta daquilo que preenche, o que diz tudo. E, ao mesmo tempo, sentimos a falta de uma harmonia. Porém, isso também é intencional, pois aqui se teme o mesmo perigo daquela limitação ou repetição que a perfeição pode significar.

O espaço em branco e, portanto, "vazio" do quadro a nanquim, *yohaku*, assinala "o que não foi expresso", a "perfeita imperfeição". E, dentro desse "vazio", oculta-se a "ressonância" que desempenha um papel igualmente importante na poesia japonesa. O "iniciado" deve sentir no seu coração o que o pincel não delineia. É aí que se completa o quadro, o poema ou o arranjo floral da Cerimônia do Chá. Quando encontramos seres humanos retratados nas pinturas a nanquim, são figuras de eremitas, de santos, poetas ou sacerdotes — todos "iniciados" —, só que ainda ligados às coisas terrestres. Representações minúsculas são apenas um adendo, nunca se encontram em primeiro plano. Personificam a tranquilidade, a reflexão, a introspecção. A maneira como são representados surge da atitude espiritual do pintor. O que é o homem? Quem é o homem? É apenas uma parte minúscula dentro do Todo, insignificante. É assim que ele meramente se reduz a um meio de representar esse Todo.

Ao observar a evolução da pintura a nanquim e da aquarela, do ponto de vista do Caminho do Chá, depara-se no *usoshū* com o fato de que a aquarela é apropriada às flores e às frutas, enquanto o nanquim é apenas válido para retratar paisagens, bambus e árvores, montanhas longínquas envoltas em névoa. Afirma-se ainda que a natureza "incompleta" dessa pintura em branco e preto corresponde particularmente ao espírito do Caminho do Chá, pois o coração do observador deve ajudá-la. "Sobre a tela pintada a nanquim há um pequeno templo que surge atrás das árvores de um vilarejo, há bancos de areia e correntezas no fluir de um rio; a paisagem não exposta à vista é sentida no coração, com toda a seriedade" — essa linguagem reflete a postura do Mestre do Chá daquela época. Revela uma extraordinária admiração pela pintura a nanquim, como fora trazida da China para o Japão durante o período Sung. Porém, a admiração não é decorrente de um posicionamento crítico, e sim baseada apenas na observação subjetiva do quadro. Não se valorizam somente os quadros de Mestres famosos; portanto, não se trata de um culto ao nome. O fator determinante é aquilo que o quadro transmite, se é capaz de fazer ressoar o coração de quem o contempla.

Há uma história divertida a esse respeito, narrada por Dōan, filho de Rikyū. Certa vez ele escreveu embaixo de um quadro: "Peixes na água clara". Porém, não havia nada na tela, apenas o vazio do papel branco. Essa é a realização máxima no sentido de "completar o incompleto no coração".

O já citado *bokuseki* — exemplos de caligrafia montados como rolos de pintura — é mantido, particularmente, em alta consideração. Nesse ponto, é interessante notar que no Oriente as palavras "branco" e "pintura" são representadas pelo mesmo signo linguístico, e que a escrita é feita com pincel e tinta. Mesmo a técnica do pincel, como tal, deriva das mesmas regras básicas da caligrafia.

Depois do *bokuseki*, a pintura mais admirada foi, sobretudo, a dos retratos dos mestres ou sacerdotes, *chinsō*, apesar de diferirem enormemente da pintura objetiva de retratos, *nise'e*. Ambas *bokuseki* e *chinsō* foram amplamente utilizadas como documentos "selados". Conferindo-lhe um "selo" — *inka* —, o Mestre dava ao discípulo o reconhecimento pelo seu trabalho e lhe outorgava o nome que passaria a adotar como Mestre. Podemos concluir afirmando que os Mestres do Chá daquele período não levavam em conta o gosto da época nem o nome do pintor. É notável que a pintura a nanquim só tenha iniciado seu declínio no Japão quando começou a escapar das mãos dos monges zen e dos Mestres de Chá, para ter continuidade com os pintores profissionais, como meio de ganhar a vida. Daí em diante os nomes começaram a tomar importância, e o "brilho" passou a ser mais valorizado do que o "ser".*

> *Aquele que deseja contemplar a beleza da Lua não deve fixar seu olhar no dedo que a aponta!*

---

* Na língua alemã, a palavra *Schein* — "brilho", que rima com *Sein* — "ser" — forma uma cadência e espécie de trocadilho impossível de traduzir plenamente. (N. T.)

O Caminho do Chá e o Homem do Chá

O Caminho do Chá não só se interliga a quase todas as artes japonesas, como também se entrelaça à vida em si. Seu aspecto externo materializa um determinado tipo de estética. Do lado interno constitui uma atitude em relação à vida, todo um enfoque do mundo. Além da influência dos ensinamentos zen, também o taoismo desempenhou um papel importante. Se no decorrer deste meu trabalho não fiz referência alguma ao taoismo em particular foi porque ele chegou ao Japão associado intimamente com os ensinamentos zen. Muitas ideias suas já haviam penetrado nos ensinamentos zen. Várias regras que dizem respeito ao manuseio dos utensílios do chá sofreram a influência do taoismo. De certa forma, essas ideias equilibram a resistência inerente às coisas. É difícil descrevê-la, porém tal influência é sentida imediatamente quando um japonês segura a xícara de chá, por exemplo. A mão esquerda a apoia, a direita toma a xícara de um modo que dá a impressão de formar uma unidade entre a mão e a xícara. Parece que a não ação, o *wu-wei* dos ensinamentos taoistas, encontrou aqui sua manifestação.

Entre as influências de ambos os ensinamentos, podemos distinguir o motivo pelo qual o Caminho do Chá não possui um sistema doutrinário próprio. As regras para a sequência das ações individuais e para a forma delas não edificam, ainda, uma construção doutrinal, que forneça o conteúdo espiritual do Caminho do Chá. E quando se tenta construir esse sistema de acordo com as leis da nossa lógica, logo se reconhece que não sobra nada. E o essencial perde-se num mar de palavras. Mas essa essência se encontra nos ensinamentos do chá, e só pode ser comprovada através da sua prática e da sua história. Os grandes Mestres do Chá também a comprovam, assim como alguns eminentes homens do chá, que vivenciaram esses ensinamentos.

O Caminho do Chá é uma fonte da qual o homem (e, sobretudo, o homem contemporâneo, mais do que nunca acossado pelo cotidiano) pode retirar novas forças. Talvez seja esse um motivo por que homens particularmente ativos, grandes comerciantes e políticos, se entreguem no Japão de hoje no Caminho do Chá. Este dá às pessoas um sentido de libertação, uma liberdade que é uma forma de segurança. O Caminho do Chá conduz o homem a uma condição em que os assuntos terrestres tornam-se irrelevantes. As bases do sentimento dessa liberdade são as severas regras e leis que o praticante precisa dominar, a sequência firmemente estabelecida do decorrer de cada ação individual. Isso ocorre quando o adepto do Caminho do Chá delas se liberta no seu coração, quando ele próprio torna-se a lei, e a lei é ele.

Em relação à compreensão e à experiência última desses ensinamentos básicos, deve-se reconhecer também o que o Caminho do Chá chama de transmissão secreta — *hiden* —, confiada pelo Mestre de uma determinada escola a seu herdeiro espiritual, portanto, ao futuro narrador da sua tradição doutrinal. A verdadeira aprendizagem secreta nada tem em comum com as formas externas que a transmitem. No sentido budista, elas são apenas um meio de ajudar o discípulo a perceber o conteúdo interno, que não pode ser expresso em palavras. Na pintura a nanquim, a figura humana também só está presente no quadro a fim de, através de tal contraste, dar uma ideia do espaço que não pode ser realmente representado.

Porém, entre as atitudes básicas do Caminho do Chá também se encontram características japonesas ancestrais. O amor à pureza, à natureza, ao silêncio e à simplicidade — o japonês possui todos esses aspectos intrínsecos em si. No Caminho do Chá, essas características são ampliadas, sobre uma base filosófica e religiosa, estendidas acima e além do homem, de modo a que ele fique inserido nelas. Torna-se parte do Caminho do Chá, "ferramenta" da sua própria criação.

Atualmente encontramos um frequente exagero no que toca ao lado meramente estético do Caminho do Chá. Isso faz com que o Caminho perca parte da sua autenticidade. Perde-se o cerne do *kei-wa-sei-jaku*, essa disposição recíproca que reside na total devoção ao Todo, que respira bondade e benevolência e à qual os arranjos estéticos conferem simplesmente uma forma externa. O essencial não deve ser a forma, e sim a personalidade do anfitrião, bem como a benevolência com que ele, de todo o coração, trata os seus convidados. A sala de chá desconhece o aristocrático e o popular; ela distingue apenas aquele que sabe daquele que não sabe. A porta baixa de entrada da sala de chá — *nijirigushi* — obriga cada convidado a se ajoelhar. Deve-se entrar na sala de modo humilde. E todos os hóspedes são igualmente queridos e importantes para o anfitrião. A estima não deve depender, de modo algum, da sua posição ou *status*. Nesse sentido, o Caminho do Chá contém elementos verdadeiramente democráticos. Isso me leva a pensar na história que Fukukita Yasunosuke relata no seu livro *Chanoyu*, a respeito do idoso barão Takashi Masuda.

  Certa vez, o barão Masuda foi convidado para uma Cerimônia do Chá por um simples operário, morador de um subúrbio de Tóquio. Ele aceitou o convite e, no dia combinado, pôs-se a caminho. Logo foi obrigado a abandonar o seu jinriquixá, pois as ruelas que conduziam à casa de seu anfitrião eram por demais estreitas até para esse tipo de veículo. Ao passar por uma fonte pública, onde um homem modesto lavava um peixe, ele lhe perguntou pela casa que procurava. E constatou que se tratava justamente do seu anfitrião. Ele acompanhou o convidado à sua morada muito modesta. O barão Masuda era o único convidado. Era uma sala de dois tapetes. Enquanto o anfitrião preparava o peixe, o convidado esperou pacientemente. Porém, logo lhe foi servida uma refeição simples, no entanto preparada com muito amor e capricho. Os talheres eram simples, baratos, porém denotavam bom gosto.

Após um intervalo, o convidado foi conduzido a uma sala um pouco maior, onde o chá lhe foi oferecido. Os utensílios do chá eram igualmente simples e humildes, porém dispostos com exímia e refinada sensibilidade e bem de acordo com a atitude simples e singela do anfitrião. Ele narrou a história simples de sua vida com um orgulho modesto e, assim, manteve um diálogo com seu convidado. Então, o milionário e nobre inclinou-se diante do simples operário e houve entre ambos um encontro, diante de uma xícara de chá.

Essa é uma boa história para ilustrar a força do Caminho do Chá. O nobre abastado que tem entre seus pertences, em várias salas de chá, alguns utensílios outrora de Kobori Enshū, encontra-se com um simples operário numa ruela de um subúrbio de Tóquio; este nem sequer possui uma sala de chá, e seus utensílios não denotam nenhuma nobreza de antiguidade, porém revelam o que se pode chamar de singeleza de um objeto adquirido a baixo custo. E ambos não são nada mais ou nada menos do que dois homens simples que se encontram num mesmo Caminho. Mas tal fato não é o simples passar de um diante do outro; eles vivenciam o Ser Uno, pois nada mais são do que os seus verdadeiros e sinceros "eus próprios", livres de todos os entraves.

Até hoje o Caminho do Chá desempenha um papel importante na vida cotidiana do Japão. Ele forma o comportamento e a atitude moral dos indivíduos na sociedade humana e, portanto, também tem influência sobre o estilo de vida da família. Sem mencionar o reflexo constatado nos impulsos estéticos, como na arquitetura, no paisagismo, nos objetos do dia a dia e até no vestuário.

O Caminho do Chá não é por certo um Caminho para multidões, mesmo que muitos o sigam. Só alguns poucos iniciados atingem o seu objetivo último e encontram no Caminho do Chá a trilha do seu verdadeiro Eu. Libertam-se da preocupação com a transitoriedade de todas as coisas terrestres, partilham o eterno e redescobrem a natureza, pois vibram em sintonia com todos os seres vivos.

Dispersas pelo vento, as cinzas do Monte Fuji
desvanecem no ar.
Quem sabe para onde se dirigem
os desejos do meu pensamento?

SAIGYŌ HŌSHI

Bibliografia

Baltzer, F., *Das japanische Haus*, Berlim, 1903.
Benl, O., e Hammitzsch, H., *Japanische Geisteswelt*, Baden-Baden, 1956.
Berliner, A., *Der Teekult in Japan*, Leipzig, 1930.
Bohner, H., *Akaji Sōtei — Zen-Worte im Tee-Raum*, Tóquio, 1943.
Fukukita, Y., *Chanoyu*, Tóquio, 1932.
Furuta, Sn., "Zen no bunka" in *Gendai Zen-kōza*, vol. 3, Tóquio, 1956.
Gulik, R. H. van, "The Lore of the Chinese Lute" in *Monumenta Nipponica* II/2, Tóquio, 1939.
Hammitzsch, H., "Wegbericht aus den Jahren U-tatsu" in *Sino-Japonica*, Festschrift André Wedemeyer, Leipzig, 1956;
_____. "Zum Begriff 'Weg' im Rahmen der japanischen Künste" in *Nachrichten der Gesellschaft für Natur-und Völkerkunde Ostasiens*, n. 82, Wiesbaden, 1957.
_____. "Zu den Begriffen *wabi* und *sabi* im Rahmen der japanischen Künste" in *ibid.*, n. 85-86, Wiesbaden, 1959.
_____. "Das Zencharoku des Jakuan Sōtaku. Eine Quellen-schrift zum Tee-Weg" in *Oriens Extremus* ll/l, Wiesbaden, 1964.
_____. ver Benl, O.
Iguchi, K., *Chadō-yōgo-jiten*, Quioto, 1952.
Izuyama, Z., "Zen to chá" in *Chadō-zenshū*, vol. l.
Kitayama, J., *Metaphysik des Buddhismus*, Berlim, 1941.
Kuwata, T., *Nihon no chadō*, Tóquio, 1954.
_____. *Seami to Rikyū*, Tóquio, 1954.
_____. ed., *Chadō-jiten*, Tóquio, 1956.
_____. "Katagiri Sekishū" in *Chadō-Zenshū*, vol. II.

Morioka, A., "Riku-u to Chakyō" in *Chadō-zenshū*, Vol. l.
Nishibori, L, *Nihon Chadō-shi*, Osaka, 1940.
_____. 'Shukō-kenkyū' in *Chadō-zenshū*, Vol. 5.
Okabe, K., *Shumi no chadō*, Tóquio, 1930.
Okada, Sh., *Chami*, Tóquio, 1951.
Sen, S., *O'cha no michishirube*, Quioto, 1957.
_____. *Ura-Senke Chanoyu*, Quioto, 1957.
Suzuki, D. T., *Zen und die Kultur Japans*, Stuttgart,1941.
Suzukida, K., *Chawa*, Tóquio, 1952.
Tanaka, S., "Wa-kei-sei-jaku no kai" in *Chadō-zenshū*,vol. l.
Yoshida, T., *Japanische Architektur*, Tübingen, 1952.

Fontes Selecionadas

Chadō-zenshū, Sogensha, Tóquio, 1935-6.
Gunsho-ruijū, Keizai-zasshiza, Tóquio, 1897-1902.
Zoku Gunsho-ruijū, Keizai-zasshiza, Tóquio, 1923-30.
Nihon-kotenbungaku-taikei, Iwanami-shoten, Tóquio, 1957-68.

Impressão e acabamento:

Orgrafic
Gráfica e Editora
tel.: 25226368